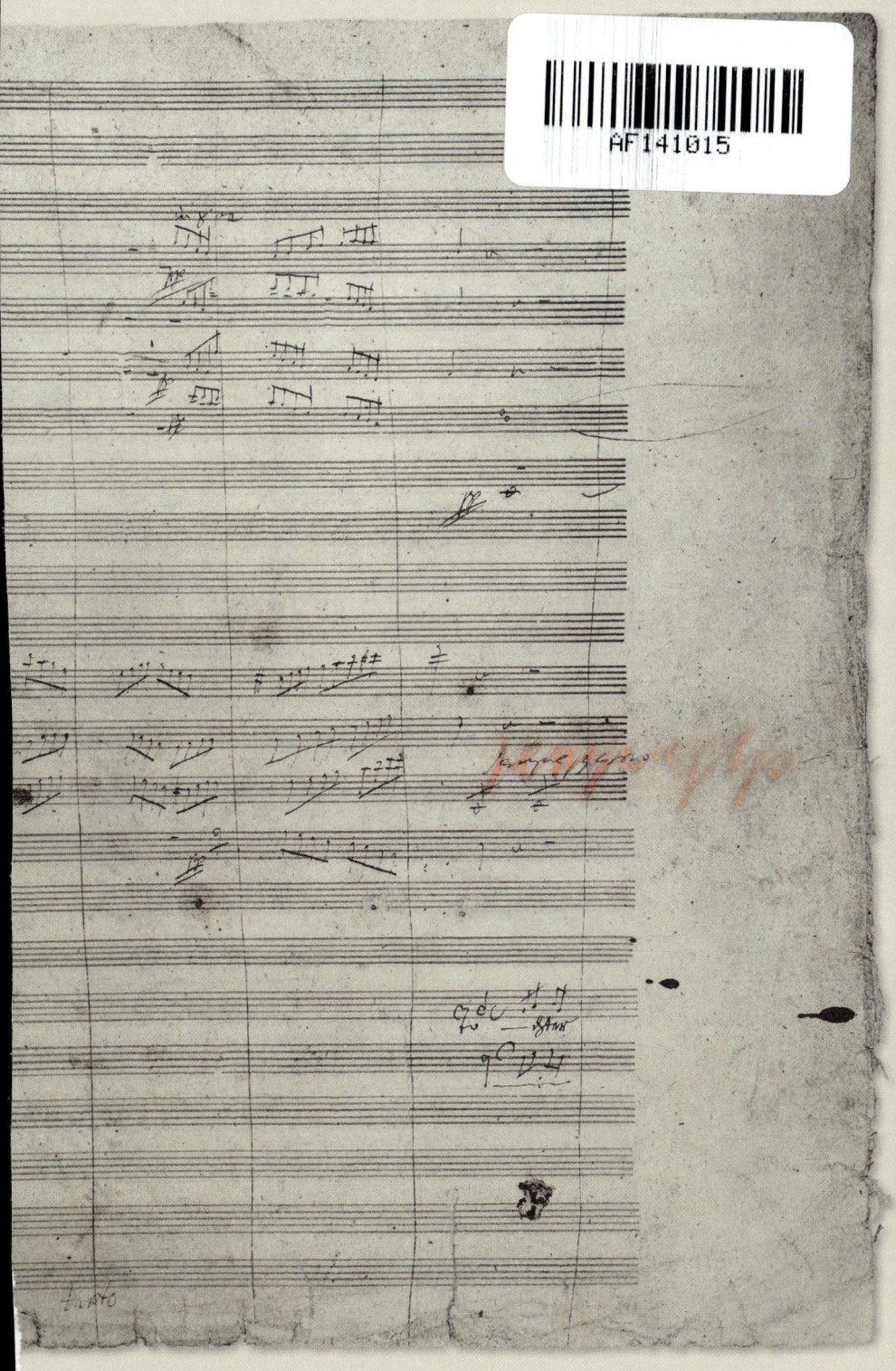

Als ich die Stille fand
Franz Welser-Möst

notiert von
Axel Brüggemann

Als ich die Stille fand

Ein Plädoyer gegen den Lärm der Welt

FRANZ WELSER-MÖST
notiert von
Axel Brüggemann

III. MÄRKTE DER MUSIK
Vom Konsum des Klanges

IV. KÜNSTLER UND DIE MUSIK
Vom Produzieren des Klanges

VORWORT und DANK

Eigenartig!

Als der Brandstätter Verlag im August 2019 an mich mit der Frage herantrat, ob ich ein Buch schreiben wolle, war ich mir nicht sicher, ob ich das machen solle. Dann fanden wir in Axel Brüggemann den richtigen Partner, der bereit war, meine Gedanken aufzuzeichnen. Im Dezember darauf trafen wir uns regelmäßig, und in diesen Treffen kristallisierte sich schnell ein Arbeitstitel für das Buch heraus: *Aus der Stille.*

Ich war mir zuerst nicht über die Ziele dieses Buches sicher, aber während der Arbeit daran wurde mir immer mehr bewusst, dass es auch als Wegweiser für die nächsten Generationen von Musikern gemeint ist. Um ihnen Mut zu machen, sich von ersten Erfolgen nicht blenden und schon gar nicht korrumpieren zu lassen. Ihnen und allen Lesern möchte ich mitgeben, dass auch ein nach außen hin erfolgreiches Leben aus vielen Höhen und Tiefen besteht, aus Kurven, bei denen man nicht weiß, was hinter der Biegung auf einen wartet. Stromlinienförmige Karrieren waren mir schon immer suspekt.

So ist auch mein Unfall 1978 ein unfreiwilliges Symbol dafür: Der Wagen kam vom Weg ab und es bedurfte nach diesem dramatischen Ereignis einer großen Kraftanstrengung, um auf den Weg ins Leben zurückzufinden. Ich will Mut machen, an die eigenen Talente zu glauben, für seine Überzeugungen einzustehen, die man durch Suchen und Schürfen gewonnen hat, auch wenn es nicht dem Zeitgeist entspricht – sowie nicht auf jeden Zug aufzuspringen, der in unserer heutigen Kultur der permanenten Aufgeregtheit bereitsteht. Viele im Moment schmerzhafte Erlebnisse stellen sich im Nachhinein als wichtige und richtige Weichenstellungen dar. Dankbar bin ich für die großen Momente und wunderbaren Begegnungen, wie sie ein Künstlerleben mit sich bringen.

Dieses Buch ist auch ein Aufruf an uns Kulturschaffende, unseren Betrieb nicht als selbstverständlich hinzunehmen, der unsere Eitelkeiten und Konten zu bedienen hat, sondern kreativ in die Zukunft zu investieren.

Das Buch ist eine teilweise humorvolle, aber auch zutiefst ernst gemeinte Reise durch meine 60 Jahre, in denen ich gelernt habe, vieles zu hinterfragen und alles, aber auch wirklich alles zu schätzen, was mir widerfährt. Und zu lernen, lernen, lernen.

Mein Dank gilt dem Brandstätter Verlag, der die Idee hatte und mich aufmerksam durch die Zeit der Entstehung dieses Buches begleitet hat.

Vor allem aber Axel Brüggemann, der in sehr intensiven Gesprächen vieles aus meinem Innersten herausgeholt hat, von dem ich nicht vorhatte, es mit der Öffentlichkeit zu teilen, und der als redegewandter und brillanter Überzeugungstäter es schaffte, mich an den Punkt zu bringen, es doch zu tun.

Besonderer Dank gilt auch Annette Frank, die mich intensiv, fachkundig, geduldig, aber auch hartnäckig durch die lange Zeit der Korrekturen begleitet hat.

Prélude

Diese existenzielle Stille

Ich kann bis heute nicht genau sagen, ob mir bewusst war, dass die Reifen unseres Wagens den Griff auf dem gefrorenen Asphalt auf der Brücke nach Losenstein verloren hatten. Wir sind hilflos über eine Böschung geschlittert und kamen einige Sekunden später nach einigen Überschlägen zum Stillstand. Ich weiß auch nicht mehr, ob ich von der Rückbank aus beobachten konnte, wie der Fahrer versuchte, das Rutschen durch das energische Betätigen der Bremsen auszubügeln, wodurch er unsere Lage nur noch verschlimmerte. Woran ich mich allerdings erinnere, ist, dass ich diese Sekunden als Ewigkeit wahrnahm.

Die Zeit schien aufgelöst, ebenso wie die Schwerkraft. In diesem Augenblick verlor jedes Koordinatensystem, das der Existenz eines Menschen für gewöhnlich Halt gibt, seine Bedeutung. In Filmen wird das subjektive Gefühl bei einem solchen Unfall oft dargestellt, indem der Regisseur das Geschehen in Zeitlupe abbremst und die gleiche schlingernde Bewegung des Kraftfahrzeuges aus unterschiedlichen Perspektiven immer wieder hintereinander abspielt.

Der Film, der sich in diesem Augenblick bei mir abspielte, war eher ein Hörspiel. Oder besser gesagt: ein Stumm-Spiel. Ich erinnere mich nicht, ob in unserem Auto noch Worte gefallen sind, ob jemand „Oh Gott!" geflüstert oder „Pass auf!" geschrien hat. Das Gleiten des Autos vor dem Crash nahm ich bewusst wahr, aber alles um mich herum erschien plötzlich irreal. An was ich mich erinnere, ist die unglaubliche Stille, die mich umhüllte.

Eine Stille, die nichts mit jener Ruhe zu tun hatte, die ich von meinen zahlreichen Wanderungen kenne, wenn ich bei Sonnenaufgang in den Bergen unterwegs bin und der voll orchestrierten Natur lausche: Blätter, die sich im Wind wiegen, Tiere, die aus der Dunkelheit erwachen, der Sturm, der auf den Gipfeln bläst, oder – nach innen gerichtet – der Rhythmus des eigenen Herzschlages. Die Stille, die ich in diesem Moment auf der Rückbank unseres Autos wahrnahm, klang anders. Eine Stille, wie ich sie zuvor höchstens in der Musik erlebt hatte: ein Aussetzen von Zeit und Raum. Im Unterschied zur Musik war ich allerdings nicht in der Lage, diese Stille zu gestalten, ihren Aufbau und ihre Dauer zu bestimmen – ich war ihr vollkommen ausgeliefert, unfähig, mich zu bewegen, geschweige denn Einfluss auf das zu nehmen, was in den nächsten Sekunden passieren sollte. Diese Stille schien alle mir bekannten Regeln unserer Welt zu ignorieren. Eine Sekunden-Stille oder eine ewige Stille – ich kann es nicht sagen, da selbst die Zeit ausgehebelt war, sich gleichsam ausdehnte in die Unendlichkeit. Die Stille, die ich in unserem Auto hörte, während es unkontrolliert über den Asphalt rutschte, war eine Stille, die so still war wie nichts, was ich bis dahin nicht gehört hatte.

Seit diesem Tag denke ich immer wieder über das Phänomen der Stille nach. Die Stille als Möglichkeit, sich die allgegenwärtige Lautstärke der Welt zu vergegenwärtigen. Die Stille als Zustand der Abwesenheit des Klanges. Zeichnet sich Stille nicht grundsätzlich dadurch aus, dass an ihrem Anfang und an ihrem Ende Klänge stehen? Ist Stille in Wahrheit nicht das Spannungsfeld zwischen zwei Ton-Polen, der Zustand zwischen dem Hörbaren, das die jeweilige Stille letztlich definiert?

In der Bibel verkünden Engel die Botschaft Gottes. Der Welt zu verkünden, setzt voraus, selbst von Stille umgeben zu sein. Das Hören und das Nicht-Hören sind auch für den Menschen existenzielle Zustände der Weltwahrnehmung. Nicht umsonst sprechen wir von *Still*stand. Es ist der Hörsinn, auf den wir vielleicht im Letzten vertrauen. Jener Sinn, der evolutionsbedingt niemals schläft: Während wir die Augen schließen, bleiben unsere Ohren gespitzt und warnen uns vor Tigern oder Wölfen, selbst, wenn der Rest des Körpers sich längst „aufs Ohr" gelegt hat.

Die Stille, die ich in unserem Auto kurz vor dem Unfall wahrnahm, hatte nichts Negatives. Ich könnte auch nicht sagen, dass sie mir „schön" vorgekommen ist, vielleicht wäre „erfüllend" das passendere Adjektiv. Ein erfüllendes Vakuum des Klanges. Das war, was mich umgab, als der erste Aufprall des sich überschlagenden Wagens mir das Bewusstsein nahm und wir auf einem gefrorenen Acker in den österreichischen Voralpen zum Stehen kamen.

Später, als ich im Spital nach einigen Tagen Intensivstation auf die normale Unfallstation verlegt worden war, wurde mir einer der damals in österreichischen Krankenhäusern beliebten, hellblauen Kopfpolster gereicht, in dem ein Lautsprecher eingenäht war. Die erste Musik, die ich hörte, war Schuberts *G-Dur-Messe*. Sie lief im Radiosender Ö1. Schubert hatte sie mit nur 18 Jahren komponiert.

***

Am 19. November 1978, dem Tag des Unfalls, war ich ebenfalls 18 Jahre alt. Und ich befand mich auf dem besten Weg, meinen größten Traum zu verwirklichen: Ich wollte professioneller Geiger werden – am liebsten bei den Wiener Philharmonikern. Gemeinsam mit Freunden hatte ich gerade Schuberts *G-Dur-Messe* beim Festgottesdienst im oberösterreichischen Großraming aufgeführt. Die Aufführung fand in jener Kirche statt, deren älteste Teile aus dem Jahre 1513 stammen und die dem heiligen Jakobus gewidmet ist. Großraming war der Geburtsort meines Lehrers Balduin Sulzer, und es war dessen Bruder, Otto Sulzer, Leiter des örtlichen Kirchenchores, der uns gebeten hatte, die heilige Messe zu spielen.

150 Jahre früher, am 19. November 1828, rang Franz Schubert in der Wiener Wohnung seines Bruders Ferdinand mit dem Typhus. Er verlor den Kampf und verstarb um 15 Uhr mit nur 31 Jahren. Sein Todestag sollte unseren Sonntag bestimmen: Von Großraming aus hatten wir vor, weiter nach Steyr zu fahren. Hier hatte Schubert die Komposition seines *Forellenquintetts* begonnen – und das wollten

wir später noch aufführen. Nach der erfolgreichen *G-Dur-Messe* beim Hochamt haben wir uns zunächst beim Kirchenwirt gestärkt. Wir, das waren der örtliche Kirchenchor und das Orchester, in dem auch einige Schüler aus dem Musikgymnasium Linz mitspielten. Darunter auch eine Unternehmerfamilie, mit der ich befreundet war – der Vater war begeisterter Hobbycellist. Mit ihm, seiner Frau, seinem Sohn und zwei Schulkolleginnen wollte ich später die knapp 40 Kilometer nach Steyr fahren, entlang der Enns durch das wunderschöne Ennstal.

Als wir den Kirchenwirt verließen, hörte ich, wie der Vater seinen Sohn, während er ihm den Autoschlüssel überreichte, ermahnte: „Sei vorsichtig, die Brücken könnten vereist sein." Der Sohn hatte seinen Führerschein erst vor einem halben Jahr gemacht und nickte. Dann stiegen wir in den Mercedes, um durch die österreichischen Voralpen zu fahren. Ich saß rechts hinten im Fond. Seine Mutter hatte neben mir Platz genommen, daneben ihr Gatte. Neben ihrem Sohn am Lenkrad saßen noch die zwei Schulkolleginnen. Wir waren gut zehn Minuten unterwegs, als wir – es war Punkt 15 Uhr – die Brücke bei Losenstein passierten und ins Schlingern gerieten. Der Fahrer wollte, wie bereits erwähnt, das Schlimmste verhindern, indem er auf die Bremse trat, was unser Fahrzeug allerdings vollkommen außer Kontrolle geraten ließ. Alles, was von da an passierte, weiß ich lediglich aus den Erzählungen anderer.

Am Abend wollten auch meine Eltern in das Konzert gehen und schauten noch am späten Nachmittag dieses Tages bei der befreundeten Familie vorbei. Dort eröffnete ihnen eine Verwandte der Familie die traurige Nachricht: „Aber wissen Sie nicht, es gab einen Unfall, die gnädige Frau ist an Ort und Stelle gestorben, alle anderen sind im Spital." Das war für meine Eltern ein Schock, und sie machten sich sofort auf ins Krankenhaus.

Später wurde mir erzählt, dass einige Chormitglieder, die direkt hinter unserem Wagen gefahren waren, den Unfall beobachtet hatten. Einer von ihnen war auch Feuerwehrmann und hat uns aus dem Wrack gezogen. Als ich – noch vor Ort – das Bewusstsein wiedererlangte, war mein erster Gedanke: „Hoffentlich kommen wir pünktlich zum Konzert." Heute finde ich es tröstlich, wie gnädig die Natur ist, wenn sie uns das fast Unerträgliche zu verdrängen hilft. Gemeinsam mit dem Sohn der Familie wurde ich in einem Krankenwagen ins Spital gefahren.

Als ich nach der Erstversorgung auf die Intensivstation gebracht wurde, spürte ich wahnsinnige Schmerzen im Rücken. „Was habe ich denn?", fragte ich den Pfleger, der sich um mich kümmerte und mit „Feingefühl" antwortete: „Drei Wirbeln san hin."

Als ich versuchte, meine Füße zu bewegen, fiel es mir zunächst schwer, und ich machte mir Gedanken, wie mein Leben im Rollstuhl aussehen würde. Doch mein Körper erholte sich ziemlich rasch, der Unfall sollte aber mein Leben in vielerlei Hinsicht nachhaltig prägen. Es stellte sich heraus, dass die Beweglichkeit von zwei meiner Finger irreversibel eingeschränkt bleiben würde, da die Nerven beschädigt waren. Damit musste ich meinen großen Traum von der Geigenkarriere begraben. Hinzu kamen die Schmerzen – fast 14 Jahre begleiteten sie mich beinahe täglich. Oft so sehr, dass ich am Morgen kaum aus dem Bett kam, weil mein Rücken so krampfartig verspannt war. Und es prägte mich die Erfahrung dieses Unfalls, dieser sich in die Unendlichkeit ausdehnenden Stille. Mir war mit 18 Jahren der Tod begegnet, und das veränderte mein Leben wie keine Erfahrung davor oder danach.

Seither mache ich mir viele Gedanken über die Merkwürdigkeiten dieses 19. Novembers. Dass unser Wagen genau 150 Jahre nach Schuberts Tod von der Straße abkam, um Punkt 15 Uhr zur Todesstunde des Komponisten. Dass der Unfall passierte, ausgerechnet nachdem wir Schuberts *G-Dur-Messe* gespielt hatten, die er mit 18 Jahren geschrieben hatte, also in dem Alter, in dem ich damals war. Dass wir geplant hatten, sein *Forellenquintett* aufzuführen, und dass Schuberts Musik das Erste war, was ich im Krankenhaus-Kissen hörte: wieder die *G-Dur-Messe*! Ist all das

Zufall? Grundsätzlich glaube ich nicht an Zufälle. Höchstens, wenn man das Wort im Sinne von „es fällt einem etwas zu" versteht, dann war dieser 19. November 1978 sicherlich ein Zufalls-Tag, an dem mir so viel zufiel, was mein Leben nachhaltig verändern sollte. Dieser Sonntag war ein Schicksalstag für mich, dem ich viel von dem zu verdanken habe, was ich heute bin.

***

Ich frage mich noch immer, ob die zu Tode gekommene Mutter der befreundeten Familie ebenfalls jene Stille gehört hat, die ich vor dem Unfall wahrgenommen habe – und ob diese Stille vielleicht ein Vorbote dessen war, was uns nach dem Leben erwartet. Die anderen von uns, die überlebten, begleitete der schreckliche Unfall weiterhin: Mit der Firma des Unternehmers ging es bergab, der Sohn, dessen Mutter neben mir starb, erkrankte schwer. War uns an diesem Novembersonntag dies alles nur „zu-ge-fallen"?

Bei mir hat der Unfall in erster Linie meine Einstellung zum Tod und zum Glauben verändert. Jenen Glauben, den meine Eltern pflegten und der unsere Familie so tief geprägt hat. Ich habe später in unterschiedlichen Religionen nach etwas Anderem gesucht, im Buddhismus und im Hinduismus, bei Ghandi und Laotse. Bei meinen Wanderungen durch verschiedene Religionen bin ich zu Erkenntnissen gelangt, die ich vorwiegend in philosophischen Schriften fand. Am ehesten würde ich mich als Agnostiker beschreiben, der es mit Sokrates hält, also an die Unsterblichkeit dessen glaubt, was wir die Seele nennen. Dieses Wissen ermöglicht mir eine sehr persönliche Spiritualität. Muße und Ruhe gibt mir heute vor allen Dingen die Natur, und das, was Spiritualität bedeutet, erlebe ich vielleicht am ehesten in der Musik.

Ist es nicht bezeichnend, dass Franz Schubert seine *G-Dur-Messe* in nur einer Woche komponiert hat und im Credo bereits mit 18 Jahren den Satz *Et unam sanctam catholicam et apostolicam ecclesiam* wegließ und der „heiligen katholischen und apostolischen Kirche" so das Glaubensbekenntnis versagte? Ist es nicht spannend, dass er auch auf den Satz *Et expecto resurrectionem mortuorum* verzichtete, *Ich erwarte die Auferstehung von den Toten*? Die *G-Dur-Messe* war die letzte Musik, die ich vor dem Unfall hörte – und sie war jene Musik, mit der mich die Welt zurück begrüßen sollte. Zufall?

Woran ich glaube, ist vielleicht tatsächlich jene Stille, die ich seither erfahren habe, die von Klang umgebene Stille. Sie ist meine Form der Ewigkeit und der Außerweltlichkeit. In ihr finde ich den Trost, dass sich am Ende eines Lebens das Gefühl der Zufriedenheit einstellen kann. Vielleicht kann man diesen Zustand auch Seelenstille nennen. Ein Zustand, den ich mir immer wieder durch die Musik erhoffe. Dem ich vielleicht sogar hinterhereile. Ein Zustand, der leider nur sehr selten eintritt, aber wenn, dann wird er zu einer Art Offenbarung.

Die existenzielle Größe der Musik habe ich zum Beispiel erlebt, als ich den Pianisten Radu Lupu mit seiner Interpretation von Beethovens *Waldsteinsonate* in der Zürcher Tonhalle hörte. Ich kann nicht beschreiben, was genau dieser Abend in mir ausgelöst hat, aber ich kann sagen, dass ich drei Nächte lang nicht schlafen konnte – so sehr hat mich aufgewühlt, was ich gehört hatte. Nach dem Konzert habe ich Radu Lupu in seinem Künstlerzimmer besucht und gesagt: „Diese Interpretation werde ich wohl ein Leben lang nicht vergessen." Ich hatte das Gefühl, dass er selbst von der Wirkung seines Spiels überrascht war. Aber seine trockene Antwort war: „Ja, so hatte Beethoven es wohl gemeint."

Es gibt diese Aufführungen, die uns über die Grenzen unserer Existenz hinausführen und bei denen alle Beteiligten zu einer Einheit werden. Das erste Mal, als mir dies widerfuhr, war während der Aufführung von Franz Schmidts *Das Buch mit sieben Siegeln* in der Stiftskirche Wilhering, die ich mit 24 Jahren dirigierte. Die Offenbarung des Johannes, in der es genau um diese letzten Dinge geht, wurde zu einem klingenden Weltbild. Als ich meine Eltern im Anschluss an die Aufführung traf, brachten weder sie noch ich ein Wort hervor, und mir liefen nur die Tränen über das Gesicht.

Vor allem die Musik Schuberts hat mich sowohl als Zuhörer als auch als Ausführenden immer wieder in diese Gefilde des Grenzüberschreitens geführt. In besonderer Erinnerung ist mir eine Aufführung des Schubert-Quintetts, das ich mit Freunden während meiner Zeit als Chefdirigent im schwedischen Norrköping spielte (ich hatte den Bratschen-Part trotz der zwei beschädigten Finger übernommen). In der Reprise des zweiten Satzes hörte und empfand ich plötzlich diese Musik der Ewigkeit. Klänge, in denen jede Zeit ausgehebelt wird, Musik, in der sich fünf Musiker im Augenblick des Spiels verlieren. Schubert hat diese außerweltliche Musik zwei Monate vor seinem Tod komponiert, und vielleicht kommt dieser zweite Satz jener Stille am nächsten, die ich gehört habe, bevor sich unser Wagen überschlug.

Unvergesslich bleibt mir auch ein Schubert-Liederabend, den Simon Keenlyside bei der Schubertiade in Schwarzenberg 2002 gesungen hat. Ich war auch hier von der existenziellen Größe der Musik so überwältigt, dass ich mir daraufhin die Aufnahme, die der ORF gemacht hatte, besorgt und diese immer wieder angehört habe.

Anlässlich meines 50. Geburtstages habe ich sozusagen als Geschenk an mich selbst ungefähr 120 Freunde und Bekannte zu einer privaten „Schubertiade" eingeladen. Radu Lupu hat die letzte Klaviersonate von Schubert in B-Dur gespielt. Im Anschluss sang Simon Keenlyside einige Schubert-Lieder, am Klavier von Malcolm Martineau begleitet. Kurz vor seinem Auftritt fragte mich Keenlyside, wie es nach solch intensivem Musizieren dieser *B-Dur-Sonate* überhaupt noch möglich sei, etwas musikalisch hinzuzufügen und zu singen.

Und dann war da noch die Aufführung der *Großen C-Dur-Symphonie* von Schubert, gemeinsam mit dem Cleveland Orchestra in Cleveland am Freitag, den 13. März 2020. Zu diesem Zeitpunkt begann die Corona-Krise gerade die ganze Welt zu erfassen. Wir alle erahnten, dass wir uns in einer noch nie dagewesenen Ausnahmesituation befanden. So wurde der Entschluss gefasst, keine öffentlichen Auftritte unseres Orchesters mehr zu machen. Um jedoch das laufende Aufnahmeprojekt (Anm.: CD/Download- und Streaming-Serie *A New Century* mit Live-Aufnahmen aus der Severance Hall) abschließen zu können, führten wir die Symphonie vor etwa 20 Mitarbeitern unserer Büros auf. Wie ein Damoklesschwert hing die Frage über uns, ob und wann ein gemeinsames Musizieren wieder möglich wäre. Dadurch erreichte diese Aufführung eine Tiefe und gleichzeitig eine Schwerelosigkeit, wie ich sie vorher mit diesem Orchester noch nicht erlebt hatte.

Es sind Augenblicke, nach denen man sich als Musiker sehnt, diese kleinen Ewigkeitsmomente, in denen die Stille mit perfekter Musik angefüllt wird. Momente, die so kostbar sind, weil sie auch so unglaublich selten passieren.

Wenn es ein Leitmotiv meines Lebens gibt, ist es wohl die Erfüllung der Stille, die für mich gerade heute einen Gegenpol zur Schnelllebigkeit unseres Daseins bildet. Das stille Innehalten als Einkehr, als Alternative zur rastlosen Geschwindigkeit unserer Zeit. Die Stille als Ausgleich zur Dezibelisierung unserer Welt.

Übrigens wurde mir nach ziemlich langwierigen Gerichtsverfahren für meine erlittenen Verletzungen durch den Verkehrsunfall ein Schmerzensgeld von 120.000 österreichischen Schilling zugesprochen. So viel Geld hatte ich nie zuvor zur Verfügung gehabt – und ich hatte es auch nicht lange. Einen Großteil habe ich in Langspielplatten investiert, unter anderem in sieben unterschiedliche Aufnahmen der *Missa solemnis* – und in allerhand Partituren. In viel Musik nach der Stille.

DIE LEHRE DER MUSIK

Von der Selbstverständlichkeit des Klanges

In die Musik geboren

Die Musik war noch eine Selbstverständlichkeit in der Welt, in die ich hineingeboren wurde. Zwischen den Weltkriegen hatte Österreich seine alte Rolle im europäischen Machtgefüge – und damit auch sein altes Selbstverständnis – verloren. Nach dem Ersten Weltkrieg musste die Erste Republik große Gebiete von Österreich-Ungarn abtreten, und vielen Bürgern der ehemaligen k.u.k. Monarchie wurde klar, dass Geschichte immer auch Wandel bedeutet. Wo das Vaterland wankt, ist es oft der Glaube, der den Menschen ein scheinbar beständiges Koordinatensystem verspricht. Als diese Zwischenjahre in Österreich mit dem „Anschluss" an Hitlers Deutschland unheilvoll zu Ende ging, haben sich meine Eltern kennengelernt.

Das Grundstück am Attersee, auf dem ich anstelle des alten baufälligen Sommerhauses das Haus gebaut habe, in dem meine Frau und ich heute wohnen, gehörte einst dem Vater meines Vaters. Nur einen Kilometer entfernt hatte die Familie meiner Mutter, die eigentlich aus Wels kam, ein Ferienhaus. Für gewöhnlich traf man sich zu den Sommergottesdiensten in der Filialkirche im nahen Buchberg, ein idyllisches, kleines Gotteshaus für rund 100 Gläubige. Es wurde im 16. Jahrhundert vom Kloster Mondsee errichtet. Als meine Eltern sich das erste Mal trafen, das muss 1939 gewesen sein, war meine Mutter gut 14 Jahre und mein Vater 17 Jahre alt. Meine Großmutter

Die Eltern Marilies und Franz Möst
Mitte der 50er-Jahre am Attersee

fungierte als „Kupplerin", indem sie meine Mutter Maria Elisabeth Wetzelsberger, die von allen Marilies genannt wurde, kurzerhand für die Obsternte einlud, bei der sich sie und Franz Möst schließlich näher kennenlernen sollten.

Die Glocke der Buchberger Kirche, die ich von meiner Terrasse aus hören kann, wird übrigens bis heute jeden Tag per Hand geläutet – ein Zeichen nicht nur der Gottesfürchtigkeit, sondern auch der Traditionsverbundenheit der Region.

Obwohl mein Vater erst nach dem Ersten Weltkrieg geboren wurde, wuchs er mit den Idealen des alten Österreich auf: für Gott, Kaiser und Vaterland. Dabei war der Glaube sein wichtigster moralischer Kompass. Ein Grund, warum er ein energischer Gegner Hitlers, des Anschlusses Österreichs und der Politik der NSDAP war.

Mein Vater arbeitete mit Gleichgesinnten im katholischen Widerstand, wurde allerdings schnell entdeckt. Ein Freund der Familie, der schon früh der NSDAP beigetreten war, kam eines Abends zu meinen Großeltern und berichtete, dass die Partei eine Statistik über Volksverräter führen würde und dass mein Vater bereits zwei „schwarze Punkte" gesammelt hätte. Beim dritten Mal würde er wohl oder übel in ein Lager kommen. Als einzigen Ausweg schlug der Freund vor, dass mein Vater sich freiwillig zum Heer melden sollte. Was er dann auch tat.

Heute ist es kaum vorstellbar, wie lärmend die Kriegsjahre gewesen sein müssen. Für meinen Vater begann eine Zeit der Katastrophen. 1940 starb sein Vater, 1941 war er mit der Wehrmacht zunächst in Stettin stationiert, dann im finnischen Vaasa und blieb für anderthalb Jahre auf den Lofoten, dem damals nördlichsten Stützpunkt der deutschen Armee. Nach einer Odyssee von Landsberg am Lech über Neiße an der Neiße, Groß Born in Pommern bis Prag wurde er dann im Januar 1944 zur Schlacht um Monte Cassino beordert. Hier kämpften 80.000 deutsche Soldaten gegen 105.000 Alliierte um das Kloster, das auf einem 516 Meter hohen Felsenhügel liegt. Die Schlacht ist durch den etwas idealisierenden Film mit Joachim

Fuchsberger, *Die grünen Teufel von Monte Cassino*, bekannt, und durch den Umstand, dass deutsche Truppen die 1.200 historischen Bücher und die wertvollen Gemälde von Leonardo da Vinci, Tizian und Raffael aus dem Benediktinerkloster in die römische Engelsburg gebracht haben. Was oft verschwiegen wird, ist die Tatsache, dass man 13 Meisterwerke nach dem Krieg im Stollen des Salzbergwerkes Altaussee fand, in dem Hitler seine Kunstsammlung untergebracht hatte. Vor allem aber war die Schlacht um Monte Cassino – wie so viele im Zweiten Weltkrieg – brutal und blutig. Der viermonatige Kampf kostete 20.000 deutschen und 55.000 alliierten Soldaten das Leben. Mein Vater wurde gefangen genommen und über Bari nach Ägypten in ein Gefangenenlager gebracht.

Mein Vater war ein passionierter Briefschreiber, er verfasste Gedichte und schrieb Tagebuch. Aus seinen Aufzeichnungen weiß ich, dass er nach Kriegsende am 23. August 1945 endlich wieder nach Linz zurückkehren durfte. Er hatte viel erlebt und seine Gesundheit war schwer angeschlagen. Zunächst wurde er zur Genesung in eine Lungenheilstätte geschickt. Danach nahm er ein Jurastudium auf, entschied sich dann aber für Medizin. Ausgerechnet als endlich so viel Normalität eingekehrt war, dass meine Eltern hätten heiraten können, starb der Vater meiner Mutter, und meine Eltern mussten (so verlangte es der strenge katholische Ritus) ein Trauerjahr einhalten. 1954 war es dann endlich soweit! Marilies Wetzelsberger, die inzwischen in Wien Bodenkultur studiert hatte, und der promovierte Arzt Franz Möst konnten die lang ersehnte Ehe schließen. Und man kann sagen, meine Eltern haben in sehr kurzer Zeit sehr viel nachgeholt. Im September 1956 wurde mein ältester Bruder Johannes geboren, im November 1957 mein Bruder Thomas und im Jahr darauf meine ältere Schwester Maria.

Über meine Geburt kursiert in unserer Familie folgende Geschichte: Als meine Großmutter am 16. August 1960 von der Nachbarin über den Zaun gefragt wurde, was es denn nun geworden sei, ein Bub oder ein Mädchen, brach sie in Tränen aus und schluchzte: „Beides!" Tatsächlich war niemand davon ausgegangen, dass meine Mutter mit Zwillingen schwanger war, um so erstaunter waren alle, als unmittelbar nach mir auch meine Schwester Elisabeth das Licht der Welt erblickte.

Zunächst wohnten wir in einer Zwei-Zimmer-Wohnung in Linz, zogen aber, als ich drei Jahre alt war, in das Haus meiner Großmutter nach Wels. Mein Vater arbeitete inzwischen als Lungenfacharzt und pendelte täglich nach Schloss Cumberland in Gmunden, jener Lungenheilstätte, in der er selbst nach dem Krieg als Patient lag. Es wurde einst von Ernst August von Hannover oberhalb des Krottensees in schönstem Windsor-Stil errichtet. Mit dem Ende des Krieges ging es in österreichischen Besitz über und wurde als Tuberkulose-Klinik betrieben. Mein Vater hat zuweilen über 120 Stunden in der Woche gearbeitet, ohne dabei üppig zu verdienen. Meine Mutter träumte davon, nach ihrem ersten Studium noch ein Jurastudium anzuschließen, blieb aber – auch weil ihr Vater so lange krank war – zunächst zu Hause.

Ich erinnere mich an die Verhältnisse bei uns. Wir betrachteten uns nicht als arm, konnten uns aber in dieser Zeit nicht viel leisten. Bis 1970 hatten wir nicht einmal einen Fernseher. Unser Unterhaltungsprogramm bestand weitgehend aus eigenem Musizieren. Meine Mutter war eine erstklassige Pianistin, und ich weiß noch, wie wir Kinder sie in den Abendstunden oft gebeten haben: „Mutti, bitte spiel' uns noch was." Vater hatte als Kind Geige und Trompete gespielt und all meine Geschwister hatten auch Instrumente gelernt. Musik war für mich seit jeher eine Selbstverständlichkeit. Es war mir als Kind unvorstellbar, dass es Menschen geben konnte, für die das Musizieren nicht zum Tagesablauf gehörte. Musik war für meine Eltern eine Art Heimat, etwas Unveränderliches in einer Zeit, die von so vielen Veränderungen geprägt war. Musik war für sie Erbauung, gab ihnen einen Wertekanon und stand im Einklang mit ihrem Glauben.

Franz Welser-Möst und seine Zwillingsschwester Elisabeth beim Baden im Attersee im Jahr 1964

Die strahlend weiße Stadtpfarrkirche mitten in Wels (sie ist dem Heiligen gewidmet, dessen Name mein ältester Bruder Johannes trägt) ist für mich zu einem Ort der musikalischen Sehnsuchtserfüllung geworden. Außer dem Klavierspiel meiner Mutter zu Hause, hatte ich sonst höchst selten Zugang zu musikalischen Darbietungen in der Öffentlichkeit. Auf den Holzbänken hörte ich – von meiner Mutter stets in einen Sonntagsanzug gekleidet oder in das weiße Gewand des Messdieners – zum ersten Mal die Messen von Joseph Haydn, Franz Schubert und Wolfgang Amadeus Mozart. Und ich erinnere mich an die Festgottesdienste, die ich als Ministrant im Alter von sechs bis 14 Jahren erlebte und die mich in bis dahin unbekannte Sphären versetzen konnten. Während der Messen schien die Zeit um mich herum stehenzubleiben und der Lärm der Welt ordnete sich in Harmonien. Was mich als Kind besonders beeindruckte, war, dass der Pfarrer es sich nicht nehmen ließ, sich am Altar durch einen pensionierten Geistlichen vertreten zu lassen und die Musik der Gottesdienste an hohen Festtagen selbst zu dirigieren.

Der Gläubigkeit meiner Eltern und ihrer Verbundenheit zur Kirche habe ich schließlich auch meinen ersten Musikunterricht zu verdanken.

Das Lineal von Schwester Gerburga

Meine Liebe zur Geige war keine auf den ersten Blick. Denn zwischen mir und ihr stand zunächst Schwester Gerburga. Es gehörte zu den Prinzipien meines Vaters, dass seine Kinder nicht an einer öffentlichen Musikschule ausgebildet werden sollten, sondern – wie in unserem Fall – an einer katholischen Schwesternschule. Also ging ich ab dem sechsten Lebensjahr regelmäßig in die Villa neben der Schwestern-schule in Wels, wo Schwester Gerburga ihre Schüler zum Unterricht empfing: eine hagere, verhärmte Frau. Schwester Gerburga hatte bereits zahlreiche Jahrgänge von Schülern in Wels unterrichtet, nicht nur im Fach Geige, sondern auch Instrumente wie Blockflöte, Gitarre, Akkordeon oder Cello. Es gab wahrscheinlich nichts, was Schwester Gerburga nicht lehrte. In ihrer strengen, von Empathie weitgehend befreiten Art verkörperte sie den Stereotyp der frustrierten Frau, die sich wahrscheinlich nicht freiwillig dieses Leben ausgesucht hatte, und leider wohl auch das anachronistisch-provinzielle Erziehungs-ideal der Nachkriegszeit.

Wenn ich mit meiner Dreiviertelgeige unter dem Arm zum Unterricht ging, wusste ich, dass Schwester Gerburga ihr Holzlineal stets in Griffnähe haben würde. Je nach Lust und Laune pflegte sie ihre Schüler damit durch Schläge auf die Finger oder auf die Hand zu bestrafen. Gründe waren leicht gefunden: falsche Noten, unsaube-re Bogenstriche oder einfach nur eine verlegene Antwort. Ob eine Unterrichtsstunde einigermaßen glimpflich verlief oder eskalierte, war in der Regel schon am Ausdruck von Schwester Gerburgas Gesicht bei der Begrüßung zu erkennen. Mit ihrer Laune hielt sie nicht hinter dem Berg, und man hatte nicht den Eindruck, sie hätte Gefallen an ihrer Arbeit oder am Fortschritt ihrer Schüler. Eine ihrer pädagogischen Methoden war das Führen eines sogenannten Leistungsheftes. Darin notierte sie schlechte Leistungen, die zu Hause von der Mutter gegengezeichnet werden mussten. Sehr schlechte Leistungen mussten indes vom Vater unterschrieben werden. Das sagt viel über das Weltbild der Schwester, aber vielleicht auch über das katholische Oberösterreich der späten 60er-Jahre aus.

Ich ging aber nicht nur zum Geigenunterricht, sondern war auch als Messdiener tätig. In der Adventszeit musste ich dafür sehr früh aufstehen. Da fand bereits um 5:45 Uhr die Rorate statt, danach ging ich kurz nach Hause, um einen Kakao zu trinken. Um 6:30 Uhr musste ich einmal pro Woche zum Geigenunterricht bei Schwester Gerburga erscheinen und um 8:00 Uhr begann die Schule.

Ich erinnere mich genau an einen heißen Tag im Juni 1968, als ich den Unterrichtsraum von Schwester Gerburga betrat und feststellte, dass die Jalousien heruntergelassen waren. Ich konnte den Angstschweiß meiner Vorgänger noch in der Luft spüren und bemühte mich an diesem Tag besonders, meine Übungen ordentlich zu spielen. Aber mir wurde dabei immer schlechter. Aus Angst, Schwäche zu zeigen oder Schwester Gerburga wütend zu machen, versuchte ich den Würgereiz zu unterdrücken, was mir langfristig nicht gelang. Und so habe ich mich mit vollem Schwall in meine Geige übergeben. Das Mitgefühl von Schwester Gerburga hielt sich in Grenzen. Kurzerhand riss sie mir die Geige aus der Hand und hielt das Holz unter fließendes Wasser, um das Erbrochene abzuspülen. Dann schickte sie mich nach Hause. Es war die Robustheit ihrer Art, die mich davon träumen ließ, nie wieder zum Geigenunterricht zu müssen.

Nach vier Jahren hatte mein Vater endlich ein Einsehen und erlaubte, dass ich an die städtische Musikschule wechselte. Ich war zehn Jahre alt, als ich einen neuen Geigenlehrer bekam: August Patzelt. Er kam aus einem gänzlich anderen Kosmos als Schwester Gerburga.

Unter anderem spielte er mit dem Musikpädagogen, Dirigenten, Mozart-Biografen und Mitbegründer der Salzburger Festspiele, Bernhard Paumgartner, in der Camerata Salzburg. Schon daran kann man sehen, dass mein neuer Lehrer einen weiteren Horizont hatte, dass Musikmachen für ihn kein zufälliger Beruf, sondern eine echte Berufung war. August Patzelt war neugierig auf uns Schüler und förderte uns nach seinen Möglichkeiten. Nach einem Jahr Unterricht bei ihm durfte ich auch im städtischen Musikschulorchester mitspielen. Hier eröffnete sich mir wieder eine vollkommen neue Welt: Der Klang, den wir in Gemeinschaft anhand von Stücken von Leopold Mozart und später, unter anderem von Edvard Griegs *Holberg-Suite*, entstehen ließen, überwältigte mich. So begann ich, das Geigenspiel zu lieben.

Außerhalb des Musikunterrichts blieb ich allerdings ein eher verträumtes Kind, so sehr, dass sich meine Mutter Sorgen um mich machte: Was ist nur los mit dem Buben? Warum ist er so still? Während meine Zwillingsschwester problemlos die Schule meisterte, interessierte mich all das nicht sonderlich. Ich war nicht schlecht, lernte aber auch nicht viel. In der Regel freute ich mich auf die Donnerstage, an denen ich in die Pfarrbücherei gehen durfte. Von dort nahm ich fünf oder sechs Bücher mit nach Hause, die ich dann in der darauffolgenden Woche las. Am liebsten hatte ich Heldensagen oder Kinder- und Jugendbuchklassiker. Das Einzige, das mich nicht ansprach, waren die Abenteuerromane von Karl May.

Die Bücher wurden zu meiner eigentlichen Welt. Mein Kopf verwandelte sich zu einem Universum der Fantasie, und ich merkte oft nicht, dass die reale Welt an mir vorbeiging. Es war diese Zeit, in der meine Mutter in der Regionalzeitung, den *Oberösterreichischen Nachrichten*, einen Artikel las, in dem davon berichtet wurde, dass in Linz ein neues Musikgymnasium entstehen sollte. Vielleicht wäre das eine gute Möglichkeit für ihren träumerischen Sohn? Tatsächlich sollten die Jahre in Linz, das Musikgymnasium und mein zukünftiger Lehrer Balduin Sulzer, unglaublich prägende Jahre in meinem

Musikleben werden – und eine praktische Lehre darüber, worum es in der Musikpädagogik eigentlich gehen sollte.

Doch bevor ich darüber berichte, vielleicht noch folgende versöhnliche Geschichte zur Schwesternschule. Das Haus, in dem ich meinen Geigenunterricht erhielt, gehört inzwischen guten Freunden von mir. Und ich musste schmunzeln, als ich sie das erste Mal vor etwa zehn Jahren besuchte. Dort, wo Schwester Gerburga mich und andere Schüler mit dem quälte, was sie unter Musikunterricht verstand, haben meine Freunde inzwischen ihr Schlafzimmer eingerichtet – nicht auszudenken, wenn Schwester Gerburga das wüsste.

Jedes Kind in Cleveland: der 100-Jahresplan

Heute weiß ich, dass alles, was ich als Kind erfahren habe, nicht selbstverständlich war – weder in den 1960er- und 70er-Jahren, und erst recht nicht heute. Für meine Eltern bedeutete Musik Heimat und Stabilität, mich spornte sie an, Fragen zu stellen, neugierig zu werden und mit offenen Ohren durch die Welt zu gehen. Heute ist mir klar, dass ich akzeptieren muss, dass Musik, die mir fast alles bedeutet – besonders klassische Musik –, sehr vielen Menschen nur wenig oder gar nichts bedeutet. Was mir ein Leben lang selbstverständlich war, spielt in ihrem Leben keine Rolle.

Ich bin kein fanatischer Musik-Missionar. Aber ich glaube fest daran, dass Musik ein Menschenrecht sein sollte und Musik eine optimale Möglichkeit ist, dass wir in Zeiten der Haltlosigkeit Halt finden. Dass Musik ein Ort ist, an dem wir einander zuhören und miteinander spüren können. Dass Musik ein wunderbarer gesellschaftlicher Kitt ist. Als Kind bin ich mit der Erfahrung aufgewachsen, dass die Welt, wenn sie ein wenig durcheinander, ungeordnet und chaotisch erscheint, wenn der Lärm zu laut wird, dass die Welt in diesen Momenten Musik sehr gut vertragen kann. Weil der Klang uns ein Bewusstsein für die Stille schenkt, in der Ordnung erst möglich wird.

Ich will niemanden zur Musik bekehren, aber ich will, dass jeder die Möglichkeit hat, Musik zu erfahren.

Als ich 1999 gefragt wurde, ob ich Musikdirektor in Cleveland werden möchte, bat ich – was viele nicht verstanden haben – zunächst um Bedenkzeit. Ich habe grundsätzlich kein Interesse an schnellen, kurzfristigen Engagements und prüfe Angebote gern darauf, ob es gute Gründe für eine langfristige Zusammenarbeit gibt. Ich versuche mir vorzustellen, ob ich einem Orchester auch in fünf, zehn oder 20 Jahren noch etwas zu sagen hätte. Ob es das Potenzial für eine kontinuierliche, gemeinsame Entwicklung gibt – sowohl was die Arbeit am Klang und am Repertoire angeht als auch was die gesellschaftliche Rolle des Orchesters vor Ort betrifft.

Ich habe mir viele Gedanken darüber gemacht, und mir wurde schnell klar, dass es sich um eine Stadt handelt, die schmerzlich erfahren musste, dass Geschichte stets Wandel bedeutet und dass Wandel nicht immer eine Aufwärtsbewegung sein muss. Cleveland war einst die fünftgrößte Stadt der USA, Aushängeschild der Industrialisierung am Beginn des 20. Jahrhunderts. Die Stadt am nördlichen Rand von Ohio, direkt am Eriesee, lag für die Stahlindustrie geografisch günstig. Und das Cleveland Orchestra, das 1918 gegründet wurde, war seit jeher eine fixe Größe für die Bürger der Stadt. Eine Institution, auf die man stolz war. In den 60er-Jahren war es noch gang und gäbe, dass die Leute in Cleveland die Musiker am Flughafen begrüßten, wenn sie von einer Auslandstournee zurückkehrten.

Allerdings begleitet die Rezession Cleveland nun schon fast 100 Jahre lang. Die Arbeitslosigkeit wuchs rasant, besonders als es der Stahlindustrie an den Kragen ging. Irgendwann bekam Cleveland den Spitznamen „The Mistake on the Lake" („Der Irrtum am See"). Gegenwärtig sind 51 Städte in den USA größer als Cleveland. Es zählt nur noch 385.000 Einwohner und der Trend zur Abwanderung hält weiter an. Hinzu kommt, dass kaum eine Stadt der USA derart von Rassenkämpfen erschüttert wurde. Heute, im Jahre 2020, leben hier rund 53,3 Prozent Afroamerikaner, 37,3 Prozent Weiße und zehn Prozent Latinos. Vor Beginn der Corona-Krise lag die Arbeitslosenquote bei 7,3 Prozent.

Als ich 1993 zum ersten Mal als Gastdirigent in Cleveland war, war ich erschrocken über den desolaten Zustand der Stadt. Umso erstaunlicher erschien es mir, dass die Bürger dieser Stadt sich seit nun über 100 Jahren eines der besten Orchester der Welt geleistet haben. Über die Jahre hinweg habe ich mehr und mehr die Schönheiten dieser Stadt entdeckt und die Menschen schätzen gelernt, die dort leben.

Wenn das Cleveland Orchestra also anruft, sagt man nicht einfach „Nein". Aber mir war wichtig, zu wissen, warum ich „Ja" sagen sollte. Das Cleveland Orchestra bestach durch seine außergewöhnliche Qualität, die unter anderem von meinen Vorgängern Erich Leinsdorf (1943–1946), George Szell (1946–1970), Lorin Maazel (1972–1982) und Christoph von Dohnányi (1984–2002) geprägt wurde und seine besondere Tradition. Ein wesentlicher Aspekt neben der qualitativen Entwicklung des Orchesterklanges war auch meine Neugier auf eine Stadt, in der Musik nicht zum Alltag der jungen Menschen gehörte. Im Jahr 2018 habe ich anlässlich des 100-jährigen Jubiläums der Gründung des Orchesters die Institution mit einer Vision herausgefordert: Spätestens in weiteren 100 Jahren soll jedes Kind der Stadt mit Musik in Berührung kommen. Musik soll zur Selbstverständlichkeit werden. Damit wollte ich auch eine alte Tradition fortsetzen. Bereits 1918 haben die Bürger von Cleveland das Orchester auch deshalb unterstützt, weil es die Idee der Klassik in der Stadt verbreiten sollte. Mir ist bewusst, dass dieses kulturelle Ziel kein konkretes Problem lösen wird, keinem Arbeitslosen einen Job verschafft und keinen Kriminellen läutert. Aber ich glaube, dass eine Stadt, in der Musik eine Selbstverständlichkeit und Klassik allgemein zugängig ist, ein Ort ist, an dem es grundsätzlich mehr Chancen gibt. Eine Stadt, in der mehr zugehört wird. Eine Stadt, in der das Miteinander eines Orchesters eine Vorbildfunktion übernimmt.

Auch das berühmte Basketball-Team Cleveland Cavaliers hat vorgemacht, wie großartig Identifikation sein kann. 2016 haben die Basketballer den NBA-Titel gewonnen. Die ganze Stadt war im Ausnahmezustand. Und das, obwohl ein Ticket für ein Spiel mindestens 350 Dollar kostete – und damit für viele Clevelander unerschwinglich war. Leider war der Erfolg der Cavaliers nicht von Dauer. Nach dem Verkauf von Star-Spieler LeBron James, der inzwischen bei den LA Lakers 35,65 Millionen Dollars verdient, ging es wieder bergab. Ein Wechsel, von dem sich die Cavaliers bis heute zu erholen versuchen.

Es gibt bekanntlich allerhand Gemeinsamkeiten zwischen Sport und Musik. So „spielt" man Basketball ebenso wie man Geige, Oboe oder Klavier „spielt". Ein Aspekt, den ich beim Musizieren für existenziell halte. Geige wird nicht „gearbeitet" oder „ausgeübt", sie wird gespielt. Ähnlich wie beim Sport handelt es sich um ein Spiel, bei dem sich die Freude daran erst einstellt, wenn man es ernst nimmt, wenn man es kultiviert, wenn man übt, an sich selbst arbeitet, an seiner eigenen Leistung – und an der Leistung des Teams.

Ich will, dass Musikmachen in Cleveland so selbstverständlich wird wie das Basketballspielen, das in den Garageneinfahrten der Vorstädte und an öffentlichen Plätzen täglich gepflegt wird. Mir geht es darum, sowohl die musikalische Qualität des Cleveland Orchestra als auch seine Bildungs- und Jugendarbeit langfristig anzulegen. Sie dürfen nicht auf einen Star ausgerichtet sein – und schon gar nicht auf mich selbst. Mein Ziel ist es, mit der 100-jährigen Perspektive, die ich 2018 skizziert habe, das Education-Programm so weiter auszubauen, dass es den Einzelnen weit überdauern würde. Und es macht mich ein wenig stolz, dass wir auf dem besten Weg dorthin sind.

Ich musste allerdings auch sehr viel lernen, etwa wie schleichend die Selbstverständlichkeit der Kultur verschwinden kann und wie schnell grundlegende Dinge abgeschafft werden können. In den USA begann dieser Prozess schon vor rund 40 Jahren. Damals wurden immer mehr *school bands* sang- und klanglos aus Kostengründen aufgelöst. Dies hat dazu geführt, dass es heute wesentlich schwieriger als früher ist, qualifizierte Bläser aus den Vereinigten Staaten zu finden. Ein Prozess, der Europa ebenfalls drohen könnte. Wir müssen auf den Humus achtgeben, auf dem nächste Generationen wachsen können. Dies betrifft vor allem Musikkapellen, Vereine sowie Kirchen, sonst wird auch in Österreich viel Typisches unserer Tradition verloren gehen. In Cleveland wurde mir bewusst, dass wir die Auswirkungen eines Prozesses zu spüren bekommen, der über eine Generation zuvor unaufhaltsam eingesetzt hat und der nicht von heute auf morgen rückgängig zu machen ist. Es ist schwer, eine schon lang eingeschlagene Richtung wieder zu ändern.

Und noch etwas ist mir ziemlich schnell klar geworden. Selbst eine große Institution wie ein Orchester mit seinen vielen Musikerinnen und Musikern, seiner Administration, seinen Förderern, Fans und seinem breiten Publikum ist nicht in der Lage, eine ganze Stadt im Alleingang zu verändern. Es steht immer in der Gefahr, selbstreferenziell zu sein, nur ein Publikum anzusprechen, das es ohnehin erreicht, und in seiner eigenen Blase zu spielen. Wenn man Musik ernsthaft als Alltäglichkeit einer ganzen Stadt etablieren will, ist man auf die Hilfe anderer Institutionen angewiesen, auf Unternehmen, Schulen, Kultur- und Sportvereine oder Kirchengemeinden.

Es war also der erste Schritt zu begreifen, dass die klassische Musik, die für mich immer eine Selbstverständlichkeit war, längst keine mehr ist. Auch deshalb muss musikalische Bildung weit tiefer ansetzen als lediglich durch die Bereitstellung von Unterricht. Musik muss zunächst einmal wieder in der Gemeinschaft ihren festen Platz finden. Die grundlegende Frage von Education-Programmen ist also nicht, welche einzelnen Programme man anbietet, sondern was nötig ist, um Musik wieder als Selbstverständlichkeit einer Gemeinschaft zu etablieren. All das geht nur, wenn man das Orchester an sich in seiner Unternehmens- und Betriebskultur als Vorbild versteht. In Cleveland wollen wir deshalb regional wie national Vorreiter sein, Maßstäbe im Orchester-Management setzen, Veränderungen nicht nur hinnehmen, sondern herbeiführen, und uns gleichzeitig auch immer wieder die Frage stellen, ob der eingeschlagene Weg der richtige ist. So ist es

Franz Welser-Möst in seiner ersten Saison als Musikdirektor
des Cleveland Orchestra im Jahr 2002

und war es immer unser Ziel, international in der Spitzenliga mit-
zuspielen, wenn es um Orchester- und Klangkultur geht. Aber wir
haben nicht vergessen, dass wir in erster Linie in Cleveland zu Hause
sind und dass wir hier die Rolle des regionalen Kultur-Nahversorgers
einnehmen. Wir haben begriffen, dass unsere Positionierung vor Ort
die Keimzelle unseres nationalen und internationalen Erfolges ist.

Seit ich in Cleveland bin, ist es mir wichtig, genau diese kulturelle wie gesellschaftliche Rolle ernst zu nehmen: Das Orchester spielt
in den Schulen in der West und East Side und kooperiert intensiv
mit dem Metropolitan School District. Unser Ziel ist es (ermöglicht durch eine großzügige Spende), vor jedem Schüler der Stadt zu
spielen. Wir verstehen uns als Partner des Musikkonservatoriums
Cleveland Institute of Music und sind allgegenwärtig in der Stadt vertreten, etwa mit kostenlosen Konzerten am „Tag der Musik", mit dem
Martin-Luther-King-Konzert oder den Open-Air-Auftritten zum

Unabhängigkeitstag. Und als Musikdirektor ist es mir auch besonders wichtig, unser eigenes Jugendorchester (COYO – The Cleveland Orchestra Youth Orchestra) mit allen Kräften zu unterstützen.

All das hat auch mit meiner musikalischen Erziehung zu tun und mit den Erfahrungen in meiner Jugend. Heute ist mir bewusst, dass das Erlernen eines Instruments wahrscheinlich schon 1970 in Wels Distinktionsmerkmal einer bürgerlichen Familie war. In einer Stadt wie Cleveland ist es unmöglich zu ignorieren, dass Musizieren nicht zum Alltag aller Menschen gehört, sondern dass es die Freizeitbeschäftigung einer weitgehend privilegierten Gesellschaftsschicht ist. Und genau das gefällt mir nicht! Es liegt auf der Hand, dass die vielleicht größte Selbstverständlichkeit des Musikmachens – dass die Mutter ihrem Kind am Abend ein Lied vorsingt – viel damit zu tun haben kann, ob es in einer Stadt eine musikalische Institution gibt, die die Menschen dafür sensibilisiert.

Wie musikalische Bildung krachend scheitern kann, habe ich bei Schwester Gerburga in Wels erfahren müssen, wie musikalische Erziehung ansteckend wirkt, durfte ich später am Musikgymnasium in Linz erleben.

Der leidenschaftliche Lehrer: Balduin Sulzer

Als meine Eltern mir von dem Artikel über das neue Musikgymnasium in Linz erzählten, war ich begeistert. Noch trennten mich Vorspiel und Aufnahmeprüfung von meiner neuen Schule, aber ich bestand und konnte meine Zeit im Linzer Musikgymnasium endlich beginnen.

Und da war er dann, dieser Lehrer mit den unverhältnismäßig langen und wenigen grauen Haaren auf der Halbglatze. Er war klein, beleibt, trug stets Sakko und betrat das Klassenzimmer immer mit Schwung. Er rief „Setzen!" und knallte seine alte, speckige Aktentasche auf das Pult. Dann sagte er: „Wen es interessiert, was ich hier vortrage, der kommt nach vorne – der Rest setzt sich hinten hin,

ihr bekommt dann einen Vierer." Dieser unorthodoxe Pädagoge hieß
Balduin Sulzer. Er war Pater, Komponist und Hobby-Kritiker beim
Boulevardblatt *Kronen Zeitung*. Als dieser Mann das Klassenzimmer
zum ersten Mal betrat, war das für mich, als wenn ein Licht aufgehen
würde. So konnte Musikunterricht also auch aussehen. Und ich, der
immer verträumt gewesen war, begann aufzublühen.

Kurz bevor Balduin Sulzer 2019 starb, gab er noch ein
Interview, das ich mit einem Schmunzeln gelesen habe. Mit
87 Jahren erinnerte er sich an seine Lehrtätigkeit bei uns, die er so
beschrieb: „Ich weiß nicht, ob ich ein idealer Lehrer im Sinne des
Bundesministeriums war. Ich habe sehr viel in improvisatorischer
Art gemacht, sowohl in der Musik als auch in anderen Fächern."
Balduin Sulzer hat in diesem Gespräch sehr untertrieben. Das
Bundesministerium hat ihn nie interessiert! Er war Pädagoge mit
einem eigenen und vollkommen anarchischen Lehrplan. Wir waren
in dieser Zeit seine willkommenen Versuchs-Schüler: 21 musikbe-
geisterte Jugendliche im ersten Jahrgang des neu gegründeten Linzer
Musikgymnasiums.

Jeden Morgen freuten wir uns, wenn wir das denkmalgeschützte
Schulgebäude betraten. Es war im späthistoristischen Stil errichtet
und nach dem Biedermeier-Dichter Adalbert Stifter benannt worden.
Fast jeden Tag überraschte uns Balduin Sulzer mit seiner Leidenschaft.
Unterricht war für ihn keine theoretische Angelegenheit, die staatli-
chen Lehrpläne verstand er höchstens als unverbindliche Anregungen.
Balduin Sulzer unterrichtete als Praktiker. Er wollte Musiker ausbilden, also ging es ihm in erster Linie darum, dass wir musikalische
Erfahrung sammeln und verstehen, welche Rolle die Musik beim
Denken spielt. Es ging nie darum, jeden einzelnen Akkord zu ana-
lysieren und zu benennen, ihm war wichtig, dass wir die emotionale
Wirkung eines solchen erspüren und erkennen. Im ersten Jahr waren
seine Gehörübungen und vor allem die Rhythmusdiktate gefürchtet,
die er die ersten zehn Minuten jeder Musikstunde erbarmungslos mit
seinem Autoschlüssel auf den Katheder klopfte.

Vom Musikpädagogen und Komponisten Balduin Sulzer hat Franz Welser-Möst gelernt, wie Musik die Menschen begeistern kann

Die Gründung des Musikgymnasiums in Linz 1974 war eines der Lehrstücke in Sachen musikalischer Bildung in Oberösterreich und ein Beweis dafür, dass zuweilen schon zwei Menschen ausreichen, um Berge zu versetzen. Neben Balduin Sulzer war es der damalige Leiter der Musikschule Kremsmünster, Heinz Preiss. Er begann 1973 damit, ein musikalisches Konzept für Oberösterreich zu entwickeln und lag dem Kulturlandesrat mit seinen Visionen dauernd in den Ohren. Der spätere Landeshauptmann Oberösterreichs, Josef Ratzenböck, war begeistert und wurde zum Preiss-Sympathisanten. So kam es also zur Gründung des Musikgymnasiums in Linz und drei Jahre später, im Jahre 1977, auch zur Gründung des Oberösterreichischen Landesmusikschulwerkes. Dafür wurden zunächst 34 Landesmusikschulen in ganz Oberösterreich gegründet.

Das Modell war so erfolgreich, dass es expandierte. Heute werden über 150 Musikschulen betrieben – und die Nachfrage ist noch immer größer als das Angebot. Eine langfristige und höchst effektive Bildungsgrundlage für Oberösterreich!

Alles an Balduin Sulzer war pädagogisch herrlich unkorrekt. Da stand ein Lehrer, der von dem, was er uns beibrachte, selbst leidenschaftlich begeistert war. Sein Temperament macht bis heute Eindruck auf mich, und mir ist klar, dass nur derjenige begeistern kann, der selbst begeistert ist. Balduin Sulzer vergaß ein ganzes Semester lang, Schularbeiten, die ihm lästig waren, mit uns zu schreiben und holte dann alle auf einen Schlag in der letzten Schulwoche nach mit der Bemerkung: „Ich weiß sowieso, wer gut ist und wer nicht!" Immer wieder ermunterte er uns, die Konzerte im Brucknerhaus zu besuchen. Wir hatten damals kein Geld, und so mussten wir kreativ werden: Einer von uns kaufte eine Karte, die wir dann immer wieder nach draußen „wandern" ließen, bis am Ende zehn von uns im Konzert saßen. Besonders begehrt waren die Gastspiele der Wiener Philharmoniker. Es dauerte freilich nicht lange, bis unser Trick aufflog. Intendant Karl Gerbel hatte mitbekommen, was wir trieben. Doch anstatt uns zu rügen, hat er seine Billeteure angewiesen, bei den Schülern des Musikgymnasiums nicht so genau hinzuschauen. Eine kleine Geste, die im Rückblick eine unglaubliche Größe hat. Wäre so etwas heute noch möglich?

Balduin Sulzer war in seinen 40ern, als er begann, uns zu unterrichten. Er hatte sich mit 17 Jahren den Zisterziensern im Stift Wilhering angeschlossen und nahm hier auch den Ordensnamen an. Zuvor hieß Balduin Sulzer Josef. Er hat Theologie und Philosophie in Linz und in Rom studiert und hat sich musikalisch am Brucknerkonservatorium, am Päpstlichen Institut für Kirchenmusik und an der Wiener Musikhochschule ausbilden lassen. 1955 empfing er die Priesterweihe und unterrichtete zunächst am Stiftsgymnasium Wilhering. Allein dieser Lebenslauf zeigt, wie weltoffen mein Lehrer war, eine Erscheinung, die wir als Schüler alle bewunderten.

Wir haben damals gelebt wie junge Hunde, sind durch die Gegend gestreunt, haben debattiert und musiziert. Als ich mit dem Linzer Kammerorchester unter Sulzer meinen ersten *Messias* als Bass im Chor gesungen habe, schlotterten mir die Knie beim „Halleluja". Und auch mit dem Schulorchester sind wir oft aufgetreten, unter anderem in regionalen Unternehmen wie den Stahlwerken der VÖEST in Linz. Dort haben wir vor den Arbeitern die *Rhapsodie in Blue* von George Gershwin gespielt. Auch diese Erfahrungen prägten mich und haben durchaus Einfluss auf unser Education-Programm in Cleveland.

Nicht selten hat uns unser Lehrer nach den Konzerten im Brucknerhaus ins Wirtshaus eingeladen. „Kommt, gehen wir noch etwas trinken", war einer der Lieblingssätze von Balduin Sulzer. Und dann gingen wir ins „Breida", ein kleines, gemütliches Beisl. Hier bestellte Balduin Apfelsaft – und als wir älter waren auch Bier – für uns alle. Großzügigerweise übernahm er auch die Rechnung. Und wir haben darüber debattiert, was wir gehört hatten. Mit jugendlicher Überheblichkeit sezierten wir sofort die Mängel aller, inklusive der Wiener Philharmoniker, und hatten Patentlösungen zur Hand. Es war jene Zeit, in der man glaubte, alles besser zu wissen als alle anderen.

Meine Eltern waren froh, dass ihr Sohn endlich einen Ort gefunden hatte, an dem er glücklich und zufrieden war. Ich erinnere mich, wie ich eines Morgens, nach einer sehr langen Feier mit meinen Schulfreunden, nach Hause schlich. Auf der Straße traf ich meine Mutter, die gerade vom Bäcker kam. „Was machst du denn hier?", fragte sie, und ich habe geantwortet: „Schlafen, bevor ich vielleicht wieder in die Schule gehe." Meine Eltern haben all das akzeptiert. Es gab bei uns zu Hause nur eine rote Linie bezüglich Schule, die nicht überschritten werden durfte: Grundsätzlich hatte ich alle Freiheiten, nur sitzen bleiben wurde nicht geduldet. Aber das geschah zum Glück auch nicht.

In der Schule hat Balduin Sulzer unsere Talente genau erkannt und gefördert. Ich war damals, 1976, Stimmführer der zweiten

Violinen im kleinen Schulorchester. Balduin sagte eines Tages beiläufig zu mir: „Du übernimmst morgen die Probe." So stand ich plötzlich vor meinen Mitschülern und „dirigierte" oder tat das, was ich meinte, dass Dirigieren sei.

Er übertrug mir immer häufiger Proben, und ich fand Gefallen daran. Ungefähr ein halbes Jahr später fragte ich ihn, ob ich auch einmal ein Konzert dirigieren dürfe, und er meinte, wenn ich mir alles selbst organisierte, stünde dem nichts entgegen. Dabei fiel der so wichtige Satz: „Dirigieren fängt beim Sessel-Aufstellen an!" Also wurde ich mein eigener Impresario: Ich organisierte unser erstes Sommerseminar im Sommer 1977 im Stift Kremsmünster, wo wir alle gemeinsam in den damals noch großen Schlafsälen des Konvikts schliefen, trieb Geld auf, organisierte den Transport der Instrumente und der Musiker sowie die Veranstaltungsorte, ließ Plakate drucken und war mein eigener Orchesterwart. Nach einer Woche Proben mit meinen Kollegen war es Mitte August soweit. Wir gaben unser erstes gemeinsames Konzert im Dunkelhof in Steyr. Auf dem Programm standen Mozarts *Divertimento KV 137*, Bachs *Tripelkonzert*, ein Flötenkonzert von Antonio Vivaldi und Mozarts *Kleine Nachtmusik*. Es kamen auch unsere Eltern und mein Vater hatte noch einige Musiker-Freunde in seinem Renault, Modell Dyane 6, mitgenommen. Und auch Balduin Sulzer war dabei und – wie ich glaube – ziemlich stolz auf uns.

Dass das erste Konzert, das ich dirigierte, in jener Stadt stattfand, wo ich am schicksalshaften Tag gut zwei Jahre später Schubert hätte spielen sollen, ist auch ein eigenartiger Zufall. Als ich nach unserem Unfall aus der Stille erwachte, wollte ich so schnell wie möglich zurück in die Schule. Zwölf Wochen lang lag mein gesamter Oberkörper in Gips, aber ich wollte mir beweisen, dass ich noch Geige spielen konnte. Tatsächlich spielte ich noch weiter, aber für eine professionelle Karriere war die Verletzung der Nerven zu groß.

Balduin Sulzer hat mich fortan als Dirigent gefördert. Auch, nachdem wir 1979 als erster Jahrgang des Linzer Musikgymnasiums maturiert hatten. Das Schulorchester war für uns Ehemalige keine

Option mehr, und wir mussten etwas Neues gründen. So erfanden wir das Jeunesse-Orchester Linz, das fortan meine große Leidenschaft werden sollte. Mit diesem Orchester bin ich 1982 übrigens auch zum ersten Mal im Großen Saal des Wiener Musikvereins aufgetreten. Als ich 20 Jahre alt war, schlug mir Balduin nach einer erfolgreichen Aufführung von Beethovens *C-Dur-Messe* für das darauffolgende Jahr die *Missa solemnis* vor. Um ehrlich zu sein, hatte ich ungeheure Angst und großen Respekt vor diesem gigantischen Werk. „Was ist dein Problem?", fragte er mich. „Du bist 20 Jahre jung und hast die Hose voll – na und? Andere dirigieren das mit 50 – und haben auch die Hose

Proben im Abtzimmer des Stifts Kremsmünster für das erste Konzert 1977, das Franz Welser-Möst dirigiert hat

voll. Der Unterschied ist, dass du dann 30 Jahre lang mit voller Hose gelebt hast." Und lachte. Also habe ich all meinen Mut zusammengenommen und die *Missa solemnis* dirigiert.

Von Balduin Sulzer habe ich viel Wesentliches über Musik gelernt und auch, wie Musik die Menschen begeistern kann. Von Linz zog ich zum Studium an die Musikhochschule München weiter. Aber vieles von dem, was mich als musikalischen Menschen ausmacht, habe ich zuvor bei Balduin Sulzer gelernt.

Muss Musik denn wirklich sein?

Einer meiner guten Freunde ist der Sänger Simon Keenlyside. Als er Vater geworden ist, saßen wir beisammen, und irgendwann sagte er:

„Mein Sohn wird später einmal Klavier lernen." Ich stutzte und fragte: „Und wenn er nicht will?" Da schaute Simon mich verdutzt an: „Dann werde ich ihn natürlich zwingen." Als er merkte, dass ich nicht überzeugt war, fuhr er fort: „Wir werden von Schule und Staat gezwungen, Mathematik zu lernen. Warum sollten wir unsere eigenen Kinder nicht dazu bringen dürfen, dass sie lernen, was wir für wichtig halten?" Eine Meinung, die mich zum Nachdenken brachte.

Simons Standpunkt lässt sich mehr denn je nachvollziehen, wenn man bedenkt, dass Musikunterricht – egal, wohin man schaut – schon lange nicht mehr zum Alltag an unseren Schulen gehört. 2017 sind allein an Deutschlands Grundschulen 80 Prozent aller Musikstunden ausgefallen. Der Musikrat sprach zu Recht von einem Skandal: Die viertreichste Industrienation schafft es nicht, die musikalische Bildung ihrer Kinder sicherzustellen. Dabei sprechen wir von der Heimat Bachs, Brahms' und Beethovens. Doch mindestens genauso schlimm ist die Tatsache, dass Musik nicht einmal mehr als Nebenfach betrachtet wird, und einige Politiker – auch in Hinblick auf die universitäre Ausbildung – erklären, nur Mathematik, Physik, Wirtschaft oder Jura seien Fächer, mit denen man heute international konkurrenzfähig bleiben könne.

Den Zugang unterschiedlicher Länder zur musikalischen Bildung werde ich später noch gesondert besprechen, an dieser Stelle nur so viel: Nationen wie Finnland, bei denen Musik und Kunst einen ebenso großen Stellenwert einnehmen wie Mathematik oder Chemie, schneiden in den internationalen PISA-Studien mit Abstand am besten ab. Und es besteht auch wissenschaftlich kein Zweifel mehr, dass musikalische Förderung einen direkten Einfluss auf die Entwicklung der Gehirne von Babys, Kleinkindern und Jugendlichen hat, zumal bis zum 25. Lebensjahr unsere neuronalen Strukturen ausgebildet werden.

In diesem Zeitraum geht es vor allen Dingen um die Verbindung der Synapsen. Sie sorgen dafür, dass unser Gehirn leistungsfähiger und kreativer wird. Das Musikmachen kann dabei eine entscheidende Rolle spielen. Mir gefällt der Satz des Göttinger Neurobiologen Gerald

Hüther, wenn er den Zusammenhang von Evolution und Musik folgendermaßen beschreibt: „Es ist eigenartig, aber aus neurowissenschaftlicher Sicht spricht alles dafür, dass die nutzloseste Leistung, zu der Menschen befähigt sind – und das ist unzweifelhaft das unbekümmerte, absichtslose Singen –, den größten Nutzeffekt für die Entwicklung von Kindergehirnen hat."

Ähnlich sieht es einer der profiliertesten Gehirnforscher unserer Zeit, der Neurowissenschaftler Wolf Singer. Er stellt fest, dass unsere Sinnesorgane so angelegt sind, dass sie nur einen Bruchteil ihrer Möglichkeiten ausschöpfen, um das zu kreieren, was wir als „Wirklichkeit" wahrnehmen. Grundsätzlich ist unser Gehirn dauernd bemüht, einen Sinn in all dem zu konstruieren, was uns umgibt. Dazu verbinden sich die einzelnen Zellen miteinander und finden selbst in der Aleatorik eines John Cage, also Kompositionen, in denen der Zufall eine wichtige Rolle spielt, noch eine sinnvolle Form. Die große Frage ist, woher das Gehirn seine Ordnungskriterien hat. Die Gehirnforschung unterscheidet verschiedene Formen des Wissenserwerbs. Eine ist das Vorwissen, ein implizites Wissen, das durch die Verschaltung unserer Nervenzellen durch den Evolutionsprozess bereits vor unserer Geburt angelegt ist und genetisch vererbt wird. Eine andere Form des Wissensgewinns findet von der Geburt an statt, auch dieser Prozess ist zum großen Teil implizit, passiert also unbewusst. Und dann erwerben wir Wissen noch durch das bewusste Lernen, sei es im Alltag, im Kindergarten oder in der Schule.

Die Annahme, dass es ein Gehirnzentrum gibt, in dem das „Ich" zu Hause ist und in dem die „Wirklichkeit" zusammengesetzt wird, ist falsch. In Wahrheit funktioniert unser Gehirn als distributives System mit äußerst flachen Hierarchien. Mit anderen Worten: Viele Gehirnareale verarbeiten zahlreiche Sinneseindrücke gleichzeitig und verwandeln sie an vielen unterschiedlichen Orten in Emotionen und Informationen, aus denen heraus wir unsere Wahrnehmung konstruieren und unser Handeln abwägen. Die Aufgabe der Kunst in diesem Prozess könne darin bestehen, erklärt Wolf Singer, dass sie unser Gehirn mit dem Unbekannten konfrontiert: Bilder, die mit

I. DIE LEHRE DER MUSIK

unserer Wahrnehmung spielen, Gedichte, die nur zwischen den Zeilen Sinn ergeben, oder Musik, die es schafft, Emotionen durch Klang zu erzeugen. Die Kunst kann unser Gehirn auf andere Art aktivieren als die Gegebenheit der Welt. Dadurch regt sie uns an, vollkommen neue Synapsen zu schließen und mehr Fenster in unserem Gehirn zu öffnen.

Das Musizieren erfordert dabei ein besonders komplexes Zusammenspiel ganz unterschiedlicher Fähigkeiten. Es baut auf den Hörsinn, den Sehsinn, den Tastsinn und auf unsere Feinmotorik. Wenn wir uns allein die Kontrollfunktionen vor Augen führen, die bei einem Geigenstrich notwendig sind: das Erkennen und Lesen der Noten, das Umrechnen des Gesehenen in unterschiedliche Bewegungsabläufe der rechten und der linken Hand, dazu das gleichzeitige Hören und der Abgleich, ob der produzierte Klang mit den im Gehirn entwickelten Erwartungen übereinstimmt, dazu eventuell noch die emotionale Charakterisierung des Klanges als lustige oder traurige Musik. Wissenschaftliche Untersuchungen haben ergeben, dass bei der Verarbeitung von Musik sogar das Broca-Areal beteiligt ist, eines der beiden Sprachzentren.

All das hat Auswirkungen auf unsere kognitive und emotionale Entwicklung. Musik macht uns vielleicht nicht schlauer, aber sie unterstützt – besonders in der frühkindlichen Phase – die Verknüpfung unserer Synapsen und damit die Möglichkeiten und die Flexibilität unseres Gehirns. Sie fördert gleichzeitig das mathematische Verständnis und das Leseverständnis. Ganz nebenbei werden Bewegung und Rhythmus angeregt, die Disziplin und ein Verständnis von Geben und Nehmen ausgebildet. Das Wichtigste ist für mich aber, dass Musizieren vor allem jene Fähigkeiten ausbildet, die ich in unserer Gegenwart als besonders defizitär wahrnehme: Musik fördert das Zusammenspiel, das Zuhören, den Sinn für Gemeinschaft und die Empathie. All das sind Lerneffekte, die nicht bewusst wahrgenommen werden, sondern einfach „passieren", während man musiziert.

Bei all diesen Erkenntnissen sollte die Frage von Simon Keenlyside durchaus erlaubt sein: Warum zwingen wir unsere Kinder zwar

Schreiben, Lesen und Mathematik zu lernen, drücken bei der musikalischen Ausbildung aber ein Auge zu? Wie kann es sein, dass wir die Erkenntnisse der Gehirnforschung einfach ignorieren? Wie können wir so leichtfertig mit der Erziehung, Entwicklung und Bildung unserer Kinder umgehen?

Inzwischen wird der Umstand, dass Musikunterricht an vielen Schulen gar nicht mehr stattfindet, dadurch ausgeglichen, dass immer größere Erwartungen an die jeweiligen Orchester gestellt werden. Während die Schulen kapitulieren, sollen diese die musikalische Bildung übernehmen. Das kann man beklagen, aber wir dürfen vor dieser Aufgabe auch nicht weglaufen. Die Zeit, dass ein Chefdirigent sich allein um das Repertoire, die Proben und die Aufführungen kümmert, ist längst vorbei. Er muss immer auch die gesellschaftlichen Möglichkeiten eines Orchesters mitdenken. Und wir müssen uns genau überlegen, welchen Sinn die Musikpädagogik eines Orchesters erfüllen kann und soll.

Meine grundlegende Idee ist, dass jede Musik zunächst einmal eine Form darstellt: Takte, Notenwerte und harmonische Regeln definieren einen Rahmen. Das gilt sowohl für die Dur-Moll-Harmonik als auch für den Serialismus der Neuen Musik. Selbst Musik, die bewusst formlos sein will, kommt nicht ohne Form aus – und sei es, um sie zu brechen. In diesem Sinne verstehe ich Musik als eine Ordnung, die uns die Orientierung erleichtert und unseren Raum und unsere Zeit definiert. Vielleicht ist es genau das, was uns heute oft fehlt: eine Form oder ein Rahmen, durch den wir die eigene Position in der Welt verorten können. Ich glaube fest daran, dass Freiheit nur in Ordnung möglich ist.

Auch deshalb steht am Anfang unseres vielseitigen Tuns in Cleveland eine ganz einfache Regel: Die Bühne ist heilig! Das bedeutet, dass auf dem Podium die Musik ernst genommen wird, sowohl von uns Musikern als auch von den Jugendlichen. Denn wer daran glaubt, dass Musik den Menschen bei der Orientierung helfen kann, ist gut beraten, sie auch ernst zu nehmen.

Im Jugendorchester von Cleveland habe ich einen jungen Mann kennengelernt, der mir erklärt hat, wie wichtig die Form des Übens für ihn persönlich gewesen ist. Er stammt aus schwierigen Verhältnissen, sein Vater sitzt im Gefängnis und seine Mutter ist alkoholkrank. Er erzählte mir, dass die Geige seine Rettung gewesen sei. Er habe sich in das Instrument verliebt und Stunden damit verbracht, es zu erlernen. Das Üben habe seinen Tag strukturiert, ihn angespornt und ehrgeizig gemacht. Jeder Fortschritt sei für ihn ein Erfolgserlebnis gewesen, das er zuvor so nie gehabt hatte. Inzwischen spielt er gemeinsam mit anderen Jugendlichen im Orchester und hat den großen Wunsch, Profimusiker zu werden.

Ich erzähle diese Geschichte, weil sie zeigt, dass wir die musikalische Bildung ernst nehmen sollten. Weil Jugendliche Musik grundsätzlich auch ernst nehmen wollen! Es mag sein, dass Musik in vielen Schulen zur Nebensache verkommen ist, desto wichtiger ist, dass Orchester Überzeugungsarbeit für den Wert der Musik leisten. Schon als Musikdirektor der Wiener Staatsoper hat es mich gestört, dass Opern für Kinder im Keller oder auf einer Bühne unter dem Dach aufgeführt wurden. Gerade auf Kinder macht die große Bühne doch den größten Eindruck. Und darum muss es beim ersten Kontakt mit der Musik gehen: Eindruck zu machen. Gleiches gilt übrigens für den Klang. Warum sind so viele Aufnahmen von „Musik für Kinder" von – mit Verlaub – mittelmäßigen Orchestern eingespielt? Wenn wir Jugendliche für unsere Kunst begeistern wollen, ist es geradezu existenziell, dass wir ihnen das Beste geben, was wir zu bieten haben.

Deshalb ist es mir wichtig, dass Education nicht zur leidenschaftslosen Nebensache eines Orchesters verkommt. Im Mittelpunkt muss die Arbeit an der klanglichen Perfektion stehen. Nur ein Orchester, das abends große Momente erzeugen kann, wird es langfristig auch schaffen, Jugendliche zu überzeugen. Anders gesagt: Es wäre falsch, die Education-Arbeit zu benutzen, um das Image eines Orchesters zu polieren. Es wäre fatal, hinter der Bildungsarbeit die Arbeit am Klang zu vernachlässigen. Education muss zur Selbstverständlichkeit eines

Spitzenorchesters gehören – ebenso wie das Streben nach dem idealen Klang an jedem Aufführungsabend.

Unser Konzept in Cleveland besteht darin, dass wir nicht jedes Kind zwingen wollen Musik zu machen, aber wir wollen jedem Kind zeigen, wie schön es sein kann zu musizieren. Wir haben uns dabei bewusst entschieden, zweigleisig zu fahren. Zum einen geht es um die Breitenwirkung der Musik, darum, Klassik als Normalität in der Öffentlichkeit zu etablieren, zum anderen darum, die Spitze zu fördern. Dafür ist ein spezielles Programm für Hochtalentierte – oft aus schwierigem Umfeld – in Ausarbeitung.

Als Österreicher vergleiche ich diesen Spagat gern mit dem Skifahren. Ein Marcel Hirscher in Österreich war nur möglich, weil Skifahren bei uns ein Breitensport ist und es viele Vorbilder gab. Gleichzeitig müssen Talente wie Hirscher aber auch intensiv und persönlich gefördert werden. Nur so können die gut ausgebildeten Leistungssportler am Ende eine neue Generation von Jugendlichen begeistern. Bei den Musikern ist es nicht anders.

Wir sind in diesem Kapitel um die Frage gekreist, ob Musik wirklich sein muss. Ich halte es mit meinem Freund Simon Keenlyside: Wenn wir der Meinung sind, dass Mathematik und Physik sein müssen, sollten wir auch die Musik in den Kanon jener Fächer aufnehmen, die wir für existenziell halten. Wir können und dürfen die Erkenntnisse der Gehirnforschung nicht länger ignorieren. Unsere Jugend hat ein Recht auf Musik. Und wenn wir darüber hinaus die Möglichkeit haben, Menschen für die Musik zu begeistern, statt sie zu zwingen, dann haben wir erreicht, wovon ich zutiefst überzeugt bin.

Die erste Stille

Es gab damals keine Kindersärge, also stand der Bestatter mit einer Schachtel unter dem Arm in unserem Wohnzimmer. Er kam, um meine Schwester abzuholen, legte Veronika in das Behältnis und nahm sie einfach mit. Veronika war mit acht Monaten gestorben. Ich war damals vier Jahre alt. Wenn ich mich heute an diesen Augenblick erinnere, sehe ich noch immer alles aus der Perspektive eines Kindes. Alles war so groß: der Bestatter mit seinem schwarzen Anzug. Daneben meine Eltern. Es ist beunruhigend für ein Kind, seine Eltern so hilflos zu erleben. Konfrontiert mit einer Sache, die zu groß für sie ist, die zu groß für jeden Menschen ist. Der Tod des eigenen Kindes ist zu groß für uns alle. Es war das erste Mal, dass ich erlebt habe, dass es selbst für meine Eltern Dinge gab, die sie nicht in der Hand haben konnten. Und es war das erste Mal, dass ich die Stille hörte – sie tobte laut.

Schon seit Veronika als jüngstes von sechs Geschwistern 1964 geboren wurde, war es ruhiger bei uns zu Hause geworden. Sie wurde mit einem Herzfehler und Down-Syndrom geboren. Ziemlich schnell war uns allen in der Familie klar, dass sie den Kampf verlieren würde, bei uns bleiben zu können. Dass wir sie verlieren würden, früher oder später. Und so war die Zeit, die Veronika bei uns war, eine gedämpfte Zeit. Alles kreiste um sie: unser Hoffen, unser Bangen, unsere Tage und unsere Nächte. Eine solche Zeit verbindet eine Familie.

Am Tag, an dem der Bestatter mit dem schwarzen Anzug und der Schachtel bei uns klingelte, war das Decrescendo endgültig in der Stille angekommen. Die Zeit blieb stehen. Die Welt hörte auf, sich zu drehen. Aber das beruhigende Gefühl, das mich 14 Jahre später erfüllte, als unser Wagen von der Straße abkam, stellte sich an diesem Tag nicht ein. Diese Stille war von einer Leere umgeben – von nichts.

Wenige Tage später stand unsere Familie auf dem Friedhof. Meine Eltern, Hand in Hand, dahinter meine Geschwister und ich. Wir haben uns von Veronika verabschiedet.

Ich glaube, mit ihrem Tod ist jedem von uns etwas zu-ge-fallen. Ganz besonders meiner Mutter. Sie, die so gläubig und fromm war. Und die nun erleben musste, wie Gott ihr die eigene Tochter nahm.

Die Rollen bei uns zu Hause waren so verteilt, dass mein Vater derjenige war, der manchmal aufbrausend reagierte und sich auch über eine Kleinigkeit herrlich aufregen konnte. Meine Mutter war anders: Sie brachte nichts aus der Ruhe. Egal, was wir taten, egal, was passierte, sie ruhte in ihrem Glauben und strahlte Zufriedenheit aus. Und das änderte sich auch nicht, nachdem Veronika gestorben war.

Als Kind hatte ich schon erlebt, dass der Glaube kein Garant für Ausgeglichenheit sein muss. Die Mutter meines Vaters war mindestens so gläubig wie meine eigene Mutter und ging jeden Tag in die Kirche. Trotzdem fürchtete sie sich vor dem Tod und hatte in ihren letzten Tagen die Wahnvorstellung, dass der Teufel vor ihrer Tür stünde. Sie starb, als ich 13 Jahre alt war.

Die Krankheit und der frühe Tod meiner Schwester haben meine Mutter geprägt. Als mein Vater endlich Amtsarzt im nahen Eferding wurde, jeden Tag nach Hause kam und nicht nur jedes zweite Wochenende, entspannte sich auch unsere Familiensituation. Nun hatte meine Mutter endlich Zeit, sich selbst zu entfalten. Sie interessierte sich für Politik, kandidierte für die Österreichische Volkspartei (ÖVP) und wurde in den Nationalrat gewählt. Von 1979 bis 1985 vertrat sie in Wien als erste Frau das Bundesland Oberösterreich. Ihr politisches Weltbild war aus heutiger Sicht durchaus fortschrittlich. Auf der einen Seite war sie streng gläubig und dadurch konservativ, auf der anderen Seite sorgte ihr Glaube für eine sehr soziale Weltsicht. Am besten könnte man meine Mutter wohl mit dem Wort christlich-sozial beschreiben. Sie gründete zum Beispiel einen Verein für unverheiratete Mütter in Wels. Ihre politische Arbeit war auch durch private Erlebnisse geprägt. Ich glaube, dass der Tod von Veronika – vielleicht unterbewusst – einen Großteil der Agenda meiner Mutter ausgemacht hat. Sie setzte sich aktiv für die Rechte von behinderten Menschen ein, und erst bei ihrem Begräbnis 2014 habe ich erfahren, dass die abgesenkten Gehsteigkanten in Österreich, die Gehbehinderten Mobilität erleichtern, auf ihre Initiative zurückgehen. Inzwischen wurde in ihrer Geburtsstadt eine Straße nach ihr benannt.

Auch bei uns zu Hause herrschte eine liberale Atmosphäre. Ich habe bereits beschrieben, dass es nur wenige rote Linien in unserer Familie gab. Innerhalb dieser Grenzen konnten wir uns vollkommen

Die Zwillinge Franz
und Elisabeth im
Arm der Eltern
mit den größeren
Geschwistern

frei entfalten. Meine Mutter förderte uns Kinder in allem, was wir anstrebten. Heute klingt die kleine Geschichte, die wir Geschwister uns gern erzählen, vielleicht selbstverständlich, aber in den 60er-Jahren war sie es nicht: Als meine Schwester Maria zweieinhalb Jahre alt war und den Tisch mit dem besten Geschirr, das wir zu Hause hatten, decken wollte, war es keine Frage für meine Mutter, dass sie ihrem Kind diese Aufgabe übertrug. Und tatsächlich ging nichts zu Bruch. So war meine Mutter: Sie gab uns früh Verantwortung und zeigte uns, dass sie uns vertraute.

Selbst als ich nach meinem Unfall begann, mit dem Glauben zu hadern, der ihr so wichtig war, als ich Gott in Frage stellte, Alternativen in philosophischen und religiösen Welten suchte, hörte ich von ihr nie Kritik. Sie ließ mich nie spüren, dass sie etwas gegen meinen Weg hatte. Meine Mutter war in diesem Sinne tatsächlich liberal.

Der Autounfall, meine Lehrer August Patzelt und Balduin Sulzer, vor allen Dingen aber meine Eltern – oft erkennt man erst später im

Leben, wie man zu jenem Menschen geworden ist, der man ist. Was ich heute weiß, ist, dass ich unglaubliches Glück hatte, in meiner Jugend von Menschen umgeben gewesen zu sein, die mir geholfen haben, das zu entwickeln und zu entfalten, was mir am meisten liegt, was mich begeistert und wirklich berührt: die Musik. Es ist diese Erfahrung, die für mich zum Schlüssel der musikalischen Bildung geworden ist und die ich als Musiker anstrebe: die Selbstständigkeit und die Freiheit des Individuums als höchstes Gut und als Grundlage seiner Kreativität.

Musik gegen eine lärmende Welt

Wenn über Bildung diskutiert wird, hört man aus so manchem Politikermund, dass die Schulen am Markt vorbeiproduzieren würden. Für mich hat dies den unangenehmen Beigeschmack von Zwang – der Zwang zur Anpassung an die Geschwindigkeiten des Marktes, der Zwang zur Abwägung von Relevanz, Nützlichkeit und Praxisorientiertheit des Wissens, der Zwang zur mundgerechten Portionierung von schnell und leicht verfügbaren Wissenshäppchen. Dabei liegt die Kreativität, die jeder, absolut jeder Bereich des Lebens braucht, in der Freiheit und Selbsterkenntnis des Einzelnen. Sie bedeutet nicht nur Ausschöpfung eigener Potenziale, sondern auch Eigenmotivation. Erst dann kann sie den erhofften Energieschub für eine Gemeinschaft, für eine Institution und für eine Gesellschaft bringen. Der Ort der Schule ist in seiner ursprünglichen Bedeutung (altgriechisch *scholé*, lateinisch *schola*) der Ort der Muße, der Ruhe, des Innehaltens. Hier treffen sich die Orte der Bildung, der Kunst und Musik: Es geht um den Freiheitsraum für Kreativität, in denen Individuen sich mit Traditionen auseinandersetzen, innovative Ideen entwickeln, Zusammenhänge erkennen und mit Teamgeist Zukunft gestalten können. Der Gedanke der Freiheit als unabdingbare Voraussetzung für (Selbst-)Bildung und Formung des Individuums, für Mündigkeit und Selbstbewusstsein in der Begegnung und Auseinandersetzung mit dem Kollektiv ist ein zutiefst humanistisches Anliegen und prägt seit jeher die europäische Kultur- und Geistesgeschichte. So etwa bildeten in der griechischen Antike die *septem artes liberales* den „Studien-Kanon". Die sieben freien Künste bestanden aus dem Trivium der sprachlich und logisch-argumentativ ausgerichteten Fächer Grammatik, Rhetorik und Dialektik sowie dem Quadrivium, aufgefächert in die mathematischen Fächer Arithmetik, Geometrie, Musik (!) und Astronomie. Die freien Künste wurden in Abgrenzung zu den praktischen Künsten so genannt, weil sie – wie Seneca es in seinem 88. Brief formulierte – „eines freien Menschen würdig sind". Bildung, Kunst, vor allem auch die Musik als Grundlage für den freien Menschen – ein zutiefst europäischer Wert!

Eine der wohl berühmtesten Schriften über den Zusammenhang von Erziehung und Ästhetik ist Friedrich Schillers *Über die ästhetische Erziehung des Menschen* (1795), worin er in 27 Briefen über die Schönheit (gemeint ist die Ästhetik) als Grundstein der menschlichen Gemeinschaft – auch eines Staates – reflektiert. Im 6. Brief beklagt er, dass der Mensch zu einem „Abdruck" seiner „Geschäfte" einerseits und seiner „Wissenschaft" andererseits werde: Der Theoretiker habe ein „kaltes Herz", der Geschäftsmann ein „enges Herz". Schiller kommt zu dem Schluss, dass es „keinen anderen Weg [gibt], den sinnlichen Menschen vernünftig zu machen, als dass man denselben zuvor ästhetisch macht." Der von mir sehr verehrte Dirigent Bruno Walter hat es in einem Interview gegen Ende seines Lebens so ausgedrückt: „You have to have maturity to understand beauty." (*Erst mit einer gewissen Reife kann man* überhaupt *verstehen, was Schönheit ist.*)

Ich finde es spannend, dass gegenwärtig ausgerechnet Kulturen, denen wir zuschreiben, besonders radikal auf schnelles Wachstum, Expansion, Leistungsdruck und Konkurrenz zu setzen, längst Tugenden für sich entdeckt haben, die ursprünglich bei uns in Europa zu Hause waren. China ist das beste Beispiel dafür.

Ein Pianist wie Lang Lang, den ich schon seit seinem 16. Lebensjahr kenne und dem ich freundschaftlich verbunden bin, ist in seiner Heimat ein Popstar. Er hat mehr als elf Millionen

Mit dem Pianisten Lang Lang nach einer öffentlichen Probe mit den Wiener Philharmonikern in Tianjin, China, im November 2018

Follower auf unterschiedlichen Social-Media-Kanälen, und das Bild, das er am liebsten von sich zeigt, ist das des modern gekleideten jungen Mannes, der sich im Herzen des alten Europas inszeniert wie bei seiner Hochzeit, die er im Schloss Versailles feierte. Als ich ihn fragte, wer ihm auf seinen Social-Media-Kanälen folge und welche Reaktionen er bekäme, antwortete Lang Lang, dass seine Follower zum großen Teil Eltern seien. Mütter und Väter, die hoffen, dass ihre Kinder in der Musik ebenso erfolgreich werden wie er.

Ist es nicht erstaunlich, dass die klassische Musik in China jene Rolle übernommen hat, die sie bei uns zuletzt vielleicht in den 60er- und 70er-Jahren gespielt hat: ein Symbol des Aufstiegs eines neuen Bürgertums und einer erfolgreichen, weltoffenen Gesellschaftsgruppe?

Eine ähnliche Wirkung hatte die Klassik vor knapp 50 Jahren bereits in Japan, als dieses Land sein Wirtschaftswunder feierte.

China hat eines der weltweit größten Musikförderprogramme. Ich gebe gern zu, dass in Asien ein anderer Zugang zum Musikunterricht herrscht als im liberalen Finnland, und es ist sicher auch diskussionswürdig, ob die chinesischen Ausbildungsmethoden unseren Idealen entsprechen. Viel interessanter finde ich aber die grundsätzliche Frage, warum eine Nation wie China so massiv auf Musik setzt. Staatspräsident Xi Jinping erklärt öffentlich, dass er die Entwicklung der Musikschulen fördert, weil das Erlernen eines Instrumentes die Kreativität und dadurch die Leistungsfähigkeit der Menschen steigern würde. Mit anderen Worten: Musikunterricht ist in China Staatsziel. Niemand in Chinas politischer Führungsriege glaubt, dass Jugendliche, die musikalisch gebildet sind, „am Markt vorbei" ausgebildet werden. Im Gegenteil: Das sekundäre Wissen der musikalischen Bildung – Kreativität und Flexibilität – ist für die chinesische Politik ein eigener Wert, der auch der wirtschaftlichen Produktivität und damit der weltweiten Führung in vielen Bereichen dienen soll. Wenn ich mit chinesischen Studenten oder Musikern zusammenarbeite, stelle ich außerdem fest, dass sie auch durch die aufklärerischen Werte der Klassik beeinflusst sind, durch Weltoffenheit, Freiheitsdrang und Individualität. Der chinesische Dirigent Long Yu, der übrigens in Berlin ausgebildet wurde und nun das China Philharmonic Orchestra leitet, sagt: „Die Entwicklung Chinas sollte nach den Gesetzen der Kunst stattfinden, intelligent, frei und an den Kriterien der Qualität orientiert."

Ich frage mich, warum inzwischen ausgerechnet China auf die musikalische Bildung vertraut und wir in Europa, jenem Kontinent, der die klassische Musik quasi erfunden hat, den Wert unserer eigenen Tradition zu verlieren drohen.

Wenn wir unsere Weltreise in die USA fortsetzen, sehen wir ein anderes Bild. Klassische Musik war hier stets noch mehr als in Europa eine Nische. Über die Jahre hin wurde es in zunehmendem Maße zu meinem Ziel, jeden Jugendlichen in Cleveland mit

Klassik zu konfrontieren, zugegebenermaßen ein sehr ambitionierter Traum. Im Gegensatz zu Europa überlässt das amerikanische System Privatinitiativen das kulturelle Feld. Klassische Musik hat daher nur dort eine Bedeutung, wo sich die Menschen einer Stadt dafür interessieren. Dies bedeutet in weiterer Folge, dass Kulturinstitutionen und Kulturschaffende immer wieder auch ihre Relevanz unter Beweis stellen müssen. Selbst Institutionen wie die Metropolitan Opera oder die Carnegie Hall haben in den USA schon lange kein selbstverständliches Bestandsrecht mehr.

Der Vorteil der amerikanischen Kulturpolitik ist, dass die öffentliche Hand nur wenig Einfluss auf lokale kulturelle Strukturen hat. Die gesellschaftlichen Möglichkeiten, die ein Orchester hat, werden in Amerika nicht aus Washington bestimmt, sondern vor Ort und zum großen Teil vom Orchester selbst. Bevor ich in Cleveland angetreten bin, hat mir der erfahrene Musikmanager Tom Morris – er war Intendant in Cleveland und Boston – einen entscheidenden Rat gegeben: „Have a look at the board." Er wollte damit ausdrücken, dass das Wichtigste an einem Orchester in den USA das oberste Gremium sei. Wenn es bereit wäre, Berge zu versetzen, dann wird man auch in der Lage sein, Berge zu versetzen – egal, wer im Staat regiert und wer Präsident ist. Zum Glück wollte und will das Board des Cleveland Orchestra Berge versetzen.

Es kann also ein Vorteil sein, dass ein kulturelles Gefüge wie ein Orchester nicht allein von staatlichem Wohlwollen abhängt, sondern von privaten Förderern. Ich werde später noch auf die Strukturen verschiedener Kulturinstitutionen zu sprechen kommen, an dieser Stelle nur so viel: Jedes System ist nur so gut, wie man es lebt, und jedes System hat Vor- und Nachteile. Fakt ist, dass der Staat auch in den USA die Kultur bezuschusst. Allerdings nicht unmittelbar, sondern indem der Steuerzahler finanzielle Zuwendungen an eine Institution wie das Cleveland Orchestra von der Steuer absetzen kann. Das bedeutet, welche Institutionen gefördert werden, hängt von den Förderern selbst und nicht vom Staat ab. So haben wir beispielsweise von der Maltz

Family Foundation in Cleveland eine Spende über 20 Millionen Dollar bekommen, die wir dafür einsetzen konnten, jungen Menschen den Konzertbesuch zu ermöglichen.

In den letzten 20 bis 30 Jahren wurden die populistischen Strömungen in der Welt immer lauter und stärker, nicht nur in der Politik. Es werden einfache Botschaften gezimmert und mit einem möglichst dicken verbalen Knüppel verteilt. Dazu gehört auch immer ein Feindbild.

Da hat es Bildung, die differenziert und mit Tiefgang auf das komplexe Individuum Mensch eingeht, sehr schwer. Und ebenso die Kunst. Das tiefe Erleben von Kunst, das uns im Idealfall den wesentlichen Kern des Menschseins erahnen lässt, steht im unüberbrückbaren Gegensatz zum marktschreierischen Populismus. Ich spreche hier von Kunsterfahrungen ganz unterschiedlicher Natur. Sie kann beispielsweise vor dem Kreuzigungsbild von Tintoretto in der Scuola Grande di San Rocco in Venedig erlebt werden, das einen in den komplexen Kosmos von Emotionen hineinzieht. Oder sie kann durch ein Gedicht von Joseph von Eichendorff ausgelöst werden, das uns mit all seinen zarten Verästelungen an der Hand nimmt, Flügel verleiht und an einen schwärmerischen und fragilen Ort führt. Oder man denke an das Oratorium *Die Jahreszeiten* von Joseph Haydn, das uns mit Humor, aber auch Tiefgang den Verlauf eines Menschenlebens erzählt und uns mit Sonnenstrahlen im Herzen erfüllt. Es wären noch so viele weitere Beispiele erhebender und aufwühlender Kunsterfahrungen zu nennen.

Doch schauen wir uns an, welcher Stellenwert der Kunst in unserer heutigen Welt beigemessen wird. Über den Musikunterricht beziehungsweise dessen Erosion habe ich schon gesprochen, die Abschaffung und Fusionierung von Rundfunkorchestern werden uns später noch beschäftigen, die Schließung von Stadttheatern und Opernhäusern ist längst Realität. Es bröckelt die über Jahrhunderte aufgebaute Kulturlandschaft so gewaltig, dass sogar manche Insider eine dauerhafte Schließung der MET für denkbar halten. Kann sich noch jemand an die New York City Opera erinnern? Gab es damals anlässlich der Schließung einen Aufschrei?

Auch in Österreich ist seit den 90er-Jahren ein wachsendes Desinteresse der Politik sowie der veröffentlichten Meinung und manchmal sogar der Kulturinstitutionen zu bemerken, die nur um sich selbst zu kreisen scheinen. Dass es in meiner Heimat Oberösterreich zwar über 50.000 Musikschüler gibt, das Brucknerhaus in Linz jedoch um sein Publikum und das Überleben kämpft, macht mich fassungslos.

Das differenzierte Hören und Aufeinander-Eingehen wird uns durch die allgemeine akustische Ohrenverschmutzung auch nicht leicht gemacht. Aus den verschiedenen Unterhaltungs- und Popsendern schreit es schon am Montagmorgen, dass es nur mehr fünf Tage bis zum Wochenende seien: Party! Es scheint, dass wir in dieser überlauten, ja übersteuerten Welt umzingelt sind von einer – oft auch durch die Bilderflut der Medien vermittelten – kunterbunten Mentalität der Party-Selbstverständlichkeit. Es geht um Konsum, Oberflächlichkeit und möglichst viel Freizeit. Der Zusammenhang zwischen der Spaßgesellschaft und dem Lärm dieser Welt ist augenfällig. Die Spaßgesellschaft ist keine leise, sondern eine laute, dezibelisierte, die ohne Lärm nicht auskommt.

Ich erinnere mich an ein Gespräch mit einem jungen Mann Anfang 30, der, als ich ihn fragte, was seine Ziele im Leben seien, mir zur Antwort gab: „Spaß haben!" Dies hat eine Diskussion über die Begriffe „Spaß" und „Freude" zwischen uns ausgelöst. Spaß meint Vergnügen, Zeitvertreib, Belustigung; Freude hingegen Hochstimmung, Glücksgefühl, innere Heiterkeit. Spaß hat man, Freude empfindet man. Spaß ist die Erfüllung eines hedonistischen Gefühls, Freude eine tief im Inneren entstandene Empfindung. Dem Spaß haftet das Äußerliche, Schrille, Aktive an, der Freude das Verinnerlichte, Ruhige und Kontemplative. Spaß ist oberflächlich und (selbst)betäubend, Freude wird am schönsten, wenn man sie teilen kann.

Beim Begriff Spaß tauchen vor meinem inneren Auge Fernsehbilder vom Ballermann in Mallorca auf, wenn ich an Freude denke, sehe ich zum Beispiel junge Orchestermusiker in Cleveland vor mir, die ich eingestellt habe und die sich wunderbar entwickeln. All dies kann seinen Platz im Leben haben, das eine schließt das andere nicht aus, aber sein Leben nur auf Spaß auszurichten, würde für mich eine Verarmung bedeuten.

Ich muss gestehen, dass ich mich zuweilen fremd fühle in dieser lauten und aufgekratzten Gegenwart, in der so viel an der Oberfläche und so wenig in der Tiefe verhandelt wird. Und ich sehe erschreckend viele Parallelen zwischen der Gesellschaft und der musikalischen Landschaft. Egal, ob es Orchester sind, die inzwischen schnell nach einem Messias, einem Erlöser oder einem Führer rufen, statt zusammen mit einem Dirigenten an der gemeinsamen Zukunft langfristig zu arbeiten. Egal, ob es Musikstudenten und junge Künstler sind, die nicht mehr fragen, wie Beethovens Handschriften aussehen, sondern wie sie selbst anders klingen können als alle anderen Beethoven-Interpreten vor ihnen. Wie sie Aufmerksamkeit erlangen und auffallen können. Und noch etwas eint die Politik und die Musik: Beide scheinen nur noch wenig Zugriff auf die Lebenswirklichkeit der Menschen zu haben. Politiker, die komplexe Sachverhalte erklären, auf Zwischentöne setzen und nachdenken, dringen in unserer lauten und überdrehten Welt kaum noch durch.

Ich bin der festen Überzeugung, dass Orchester ihren Beitrag leisten können, dass Musik wieder zum Selbstverständnis vieler Menschen gehört. Musik als Form, die uns Orientierung gibt, Musik als Möglichkeit der Ordnung, Musik als Tiefe in einem Leben jenseits einer dahinrasenden Oberfläche, Musik als Ort der Gemeinschaft und des Zuhörens, Musik als Ausdruck der Stille und des Innehaltens, Musik als Ruhepol in einer rastlosen Welt. Ich weiß, dass ich mit meiner Sehnsucht nach Stille nicht allein bin. Umso wichtiger ist es, Partner zu finden, Sympathisanten, Menschen, die gemeinsam für die Kunst der Musik kämpfen, sie im Alltag verankern, und Musiker, für die jedes Konzert immer auch ein gemeinschaftliches Plädoyer gegen die Dezibelisierung und den Lärm der Welt ist.

Erste Wanderung

Meditative Stille

Schmerz ist etwas Fürchterliches. Vielleicht kann man ihn am besten mit andauernder Lautstärke vergleichen, mit unkontrolliertem Lärm jenseits aller Form: ein akustisches Chaos, dem man hilflos ausgeliefert ist.

Dass die Nervenstränge meiner Finger nach meinem Autounfall nie wieder ausreichend geheilt sind, um weiter auf professionellem Niveau Geige spielen zu können, war eine schmerzhafte Erfahrung. Aber mich hat auch der ganz konkrete, physische Schmerz verfolgt, besonders in Form von fürchterlichen Rückenschmerzen. Nach Intensivstation, Normalstation und zwölf Wochen den ganzen Oberkörper in einem Gips verfolgte mich der Schmerz regelmäßig und beständig. So, dass ich ihn nicht mehr verdrängen konnte. Ich versuchte, ihn mit Medikamenten etwas leiser zu stellen, was mal besser und mal schlechter gelang.

Anfang der 90er-Jahre, nachdem ich einen Osteopathen kennengelernt hatte, wurde es schrittweise besser. In meinem ersten Jahr in Cleveland meinte meine Frau, ich solle den Kampf gegen den Lärm meines Schmerzes selbst in die Hand nehmen. „Aber wie?", fragte ich. „Na, zum Beispiel mit Yoga", antwortete sie. Also suchte ich mir eine Yoga-Lehrerin, und ziemlich schnell wurde mir klar, dass es bei dieser Form der Bewegung um weitaus mehr ging als um die bloße Kontrolle des eigenen Körpers. Tatsächlich basiert Yoga auf dem gleichen Prinzip wie die Musik, auf dem Zusammenspiel von Spannung und Entspannung. In der Musik stellt diese Balance die wohl größte Kunst dar, und kein Komponist hat das Spiel von Spannung und Entspannung so exzessiv betrieben wie Richard Wagner in seiner Oper *Tristan und*

Isolde. Fünf Stunden lang lässt er das Publikum auf den erlösenden Akkord (der Liebe) warten. Immer wieder bemüht er den sogenannten Tristan-Akkord, der die harmonische Spannung aufbaut und uns dann auf die Auflösung beim nächsten Erklingen vertröstet. Ein endloses Spiel mit unseren Erwartungen, mit unseren (Hör-)Gewohnheiten, und eine musikalische Herausforderung, nicht dem Gewohnten zu vertrauen, sondern unkonventionell zu denken.

Ähnlich ergeht es mir auch bei meiner Erfahrung mit Yoga. Durch die spirituelle Suche in meiner späten Jugend habe ich bereits verschiedene Meditationsformen kennengelernt. Beim Yoga geht es auch darum, den Körper als Möglichkeit zu nutzen, aus ihm heraus vollkommen neue Welten zu entdecken. Bei mir führt diese Art Kontemplation in der Regel zu einem Gefühl der Weite, zu einer Art innerem Naturerlebnis. Wenn ich Yoga betreibe, besteht die Chance, dass sich auch hier jener Raum der Stille eröffnet, den ich kurz vor dem Abkommen des Wagens von der Straße erlebt hatte – jene Stille, die im perfekten Spiel von Spannung und Entspannung eintritt und die ich auch in der Musik genieße.

Inzwischen habe ich mir sogar angewöhnt, mein Musikerleben in andauernder Spannung regelmäßig auszubremsen, um mir Entspannung zu gönnen. So ziehe ich mich jedes Jahr für einige Zeit zu einer F.-X.-Mayr-Kur zurück, um meinen Körper (aber auch meinen Geist) zu entschlacken und zu entgiften. Auch das ist eine Form der Stille.

Das Fasten zehrt am Körper. Ich erlege mir in dieser Zeit zwar keine Verbote des Partiturstudiums auf, musste beim letzten Mal aber einsehen, dass es die geistigen und körperlichen Möglichkeiten eines fastenden Körpers übersteigen kann, sich während der Kur noch einmal die *Elektra*-Partitur von Richard Strauss zum Studium vorzunehmen. Aber genau solche Erkenntnisse sind für mich auch der Grund dieser „Retreats": den Körper herunterzufahren, demütig zu werden – still zu sein und einzukehren.

Seit ich Yoga betreibe, sind meine Rückenbeschwerden zum großen Teil verschwunden. Der Lärm des Schmerzes ist kein allgegenwärtiger Begleiter mehr für mich. Yoga ist zu einer Möglichkeit geworden, nicht länger im gegenständlichen Denken gefangen bleiben zu müssen. Das körperlich Konkrete, dem in der Regel viele Grenzen gesetzt sind, löst sich auf. Yoga kann zu einem ähnlichen Zustand führen, den ich auch erlebe, wenn ich „in Musik" bin. Auch hier führt die körperliche Arbeit dazu, dass die physische Körperlichkeit des Musikmachens einen Klangraum schafft, dessen Besonderheit in seiner Gegenstandslosigkeit liegt, in der Entmaterialisierung des Konkreten – in endloser Weite.

∞

II.

DIE ORTE DER MUSIK

Von der Organisation des Klanges

Meine Lehrjahre in London

Der steinige und steilste Weg meiner Karriere nahm im August 1990 in der plüschigen Lobby des Hotel Bristol in Salzburg seinen Anfang und führte mich ganz anders als zuerst angenommen in eine harte Lehrzeit. Der Orchestervorstand des London Philharmonic Orchestra fragte mich: „Wie sieht es aus, Herr Welser-Möst, wollen Sie von September an Chef unseres Orchesters sein?"

Das muss man sich vorstellen: Sir Thomas Beecham hatte das Traditionsorchester 1932 gegründet, Klaus Tennstedt übernahm es 1983 von Sir Georg Solti. Inzwischen spielte Tennstedts Gesundheit schon einige Zeit nicht mehr mit, zwei Jahre zuvor hatte er überraschend seinen Rückzug bekannt gegeben. Als Nachfolger wurden Daniel Barenboim und Riccardo Muti gehandelt – aber nichts passierte. Nun saß plötzlich jemand vor mir und fragte mich, den 30-jährigen Newcomer, der gerade in Winterthur und Lausanne tätig war und Orchesterchef im schwedischen Norrköping, ob ich diesen Job übernehmen wolle.

Ich habe – und das war ein Fehler – gar nicht lange nachgedacht. Ich habe mich auch nicht gefragt, warum ich, also ein „Greenhorn", gefragt wurde. Ich dachte einfach nur „Wahnsinn!" und ahnte nicht, dass mein „Ja" der Anfang einer sechsjährigen Odyssee aus Missverständnissen werden sollte, aus Beschimpfungen, Intrigen und Katastrophen, ein – man kann das heute so sagen – krachendes Scheitern. Die Zeit in London war die wohl schmerzhafteste meines Dirigentenlebens und gleichsam die lehrreichste in allen nicht musikalischen Belangen unseres Betriebes.

Als Student bin ich zwei Mal in London gewesen, 1980 und 1981. Beide Aufenthalte waren für mich unglaublich aufschlussreich. Ich kam aus dem beschaulichen Linz, wo die Leute noch 1977 während einer *Le Sacre du Printemps*-Aufführung aus Protest den Saal verließen. Igor Strawinsky galt bei uns noch als Revolutionär. Über 60 Jahre zuvor, am 29. Mai 1913, hatte das Werk im Théâtre des Champs-Élysées für einen Skandal auf vielen Ebenen gesorgt: Nie zuvor hatte das Publikum derart radikale Musik gehört, der Choreograf Vaslav Nijinsky zeigte exzessive Tänze, und die Musiker standen vor vollkommen neuen technischen Herausforderungen. All das führte zu Tumulten und Handgreiflichkeiten in den Rängen, Faustkämpfen und geworfenen Stühlen. Am Ende registrierte die Polizei 27 Verletzte.

Ganz anders als in Linz war die Stimmung in der britischen Hauptstadt Anfang der 80er-Jahre: Hier erlebte ich plötzlich einen ausverkauften Zyklus mit Werken von Strawinsky und ein aufmerksames und enthusiastisches Publikum. Ich habe Sir Georg Solti gehört und das London Symphony Orchestra, habe die English National Opera und das Royal Opera House in Covent Garden besucht, wo Sir Colin Davis Chefdirigent war. Ich war dabei, als der von Gustav Mahler besessene US-Unternehmer und Amateurdirigent Gilbert Kaplan die *2. Symphonie* mit dem London Symphony Orchestra aufgeführt hat – seine Einspielung wurde von der *New York Times* zur Aufnahme des Jahres gekürt. Ich habe in England meinen ersten Leoš Janáček in einer Aufführung der Welsh National Opera gehört und war vollkommen erschlagen und gefangen von dieser Musik. Neue Horizonte haben sich mir in dieser Zeit eröffnet, und das wenige Geld, das ich als Student zur Verfügung hatte, habe ich voll und ganz für Opern- und Konzertkarten ausgegeben. Während meiner Aufenthalte in London hatte ich mich hauptsächlich von Toast und Marmelade ernährt, und als ich Weihnachten 1981 zurück nach Wels kam, war meine Mutter ziemlich schockiert: Ich war noch schmaler als sonst und hatte sieben Kilo abgenommen. Dafür war ich angereichert mit einer großen Menge an Musik.

Bevor mir knapp zehn Jahre später der Job in London angeboten wurde, gab es schon erste musikalische Begegnungen mit dem London Philharmonic Orchestra, so 1986, als der britische Agent Martin Campbell-White anrief und mich fragte, ob ich als Einspringer für Jesús López Cobos Mozarts *Haffner-Symphonie* und sein *Requiem* dirigieren wollte – mit der großartigen Felicity Lott. Auch da zögerte ich keine Sekunde, stieg am nächsten Tag ins Flugzeug, landete um 12 Uhr in London und stand um 14 Uhr vor dem Orchester. Nach drei Proben fand das Konzert statt, und ein Kritiker schrieb, dass ich mich in den Fußstapfen von Karl Böhm bewegen würde. Ein Achtungserfolg, der mich noch nicht erahnen ließ, worauf man sich gefasst machen muss, wenn die Stimmung in der britischen Presse erst einmal kippt.

Im Jahre 1988 plante das Orchester eine Tournee, und ich war als Cover-Dirigent vorgesehen für den damals bereits sehr kranken Klaus Tennstedt und für Mariss Jansons. Tatsächlich mussten beide ihre Konzerte kurz nacheinander absagen – und ich sprang ein. Auf dem einen der Programme standen die *1. Symphonie* von Jean Sibelius und die *Fünfte* von Peter I. Tschaikowsky, auf dem anderen Ludwig van Beethovens *Sechste* und die *4. Symphonie* von Gustav Mahler, wiederum mit Felicity Lott, abwechselnd mit Beethovens *Eroica*. Es war eine bemerkenswerte Tournee: Wir gastierten an allen großen Konzerthäusern Europas, unter anderem im Concertgebouw in Amsterdam und – für mich unvergesslich – im Wiener Musikverein, dessen einzigartige Atmosphäre ich bereits bei meinem Auftritt mit dem Jeunesse-Orchester aus Linz kennenlernen durfte. Selbstverständlich saßen damals viele Freunde und meine Familie im Parkett. Das war für einen jungen Musiker wie mich eine unglaublich große Ehre.

1990 sollte ich nun Klaus Tennstedt beerben und habe „Ja" gesagt. Was ich damals überhaupt nicht überblickt habe, waren die Frontlinien, die hinter den Kulissen längst aufgebaut waren. Wahrscheinlich wäre selbst Winston Churchill auf die Taktikspielchen der damaligen britischen Klassik-Szene stolz gewesen. In erster Linie ging es um die Residenz des London Philharmonic Orchestra in der Royal Festival Hall, die vom Southbank Centre ausgeschrieben worden war. Das zweite Orchester, das sich darum bemühte, war das Philharmonia Orchestra London. In der Ausschreibung wurden viele Zugeständnisse an das Management der Southbank gefordert und ein Orchesterchef gewünscht, der mit großen Befugnissen ausgestattet war. Was ich nicht ahnte, war, dass man mich auch deshalb gefragt hatte, weil man davon ausging, dass ein junger und relativ unerfahrener Dirigent formbar und weniger selbstbewusst sei. Man hatte sich gedacht: „Holen wir den Welser-Möst, der freut sich, dass er hier ist, den können wir nach unserem Willen benutzen." Ich indes kam mit einem Koffer voller Visionen an die Themse. Unter anderem schwebte mir ein Konzertsaal vor, in dem wir zu 100 Prozent unsere eigenen Herren hätten sein können. Es bestand damals die Möglichkeit, ein ehemaliges Kraftwerk an der Themse mit dazugehörigem Areal um einen Pfund zu erwerben. Als ich diesen Vorschlag unserem Aufsichtsrat unterbreitete, wurde ich ausgelacht mit der Bemerkung, dass ich eben kein Engländer sei und gewisse Gegebenheiten nicht verstehen würde. Das konnte nicht lange gut gehen.

Aus Prestigegründen für das Orchester wurde ich zunächst im Savoy Hotel einquartiert. Dort lebte ich bis zum Schwarzen Mittwoch im Jahre 1992 und der damit verbundenen Eskalation der Finanzkrise. Über Nacht war das Pfund plötzlich 25 Prozent weniger wert. Durch die Cashflow-Probleme wurde mir acht Monate lang kein Gehalt ausbezahlt und ein wesentlich kostengünstigeres Quartier gesucht. Die Finanzengpässe waren ein Teil der grundlegenden Probleme des Orchesters.

Es dauerte nicht lange, bis die Engländer mir den unschmei-chelhaften Spitznamen „Frankly Worse than Most" gaben (ein Wortspiel mit meinem Namen, das übersetzt ungefähr bedeu-tet: „Ehrlich gesagt, schlimmer als die meisten"). Heute kann ich darüber schmunzeln, aber damals war mir nicht nach Lachen zumute. Zum ersten Mal war ich mit derart direkter Kritik kon-frontiert, ohne zu wissen, was genau dahintersteckte. War es wirk-lich meine Leistung als Dirigent und als künstlerischer Leiter? Waren es die anhaltenden Grabenkämpfe? Ich konnte all das nicht einschätzen und spürte nur, dass meine Person vielen Interessen-gruppen als Prellbock diente. Die Tiefschläge wurden immer härter, während die Rückendeckung durch das Orchester immer schwächer wurde.

Man muss wissen, dass sich das London Philharmonic Orchestra zu jener Zeit auch in einer Phase tiefgreifender Umstrukturierungen befand. Erst 1985 hatte man die 1939 begründete Selbstverwaltung aufgegeben und mit John Willan einen Finanzexperten und Absolventen der Royal Academy of Music als Manager geholt. Willan war zuvor erfolgreicher Produzent bei der Plattenfirma EMI gewesen. Und auch meine Zeit in London war durch aller-hand Aufnahmen für das Label geprägt, bei dem ich exklusiv unter Vertrag stand. Wir haben unter anderem Mendelssohn und Strawinsky aufgenommen, aber auch den 1874 in Pressburg gebore-nen und viel zu selten gespielten Komponisten Franz Schmidt.

Schließlich wurde das London Philharmonic Orchestra tat-sächlich Residenz-Orchester der Royal Festival Hall. Egal, ob später in Wien oder in Cleveland, es war stets klar, dass ein Saal und seine Akustik wesentlich zum Klang eines Orchesters beitragen. Das bedeutete allerdings auch, dass das Management des Southbank Centre nun Einfluss auf unser Programm nehmen konnte. So wurden in teilweise lähmenden und langwierigen Besprechungen Werke auf das Programm gesetzt, die zwar dem Southbank Centre ein gewisses mediales Echo verschafften, sich aber negativ auf unsere

Abendkassa auswirkten. Wie schön wäre es gewesen, wirklich der Herr im eigenen Haus zu sein!

1993 wurde schließlich auch in der Öffentlichkeit die Gretchenfrage gestellt: Politik und Presse debattierten nach der Finanzkrise den Aufbau eines Londoner Super-Orchesters auf Kosten der bestehenden Ensembles. Das sogenannte Arts Council einigte sich allerdings darauf, den Status quo beizubehalten. In der Konsequenz schlossen das London Philharmonic Orchestra und das Philharmonia Orchestra London, das damals von Giuseppe Sinopoli geleitet wurde, Frieden miteinander und teilten sich fortan die Residenz in der Royal Festival Hall. Da meine Person weiterhin in der Schusslinie stand, bot ich dem Verwaltungsrat, der in erster Linie aus Musikern bestand, im Februar 1994 meine Demission an. Das Absurde war: So gern Presse und Orchester mich als Fußabtreter ihrer Befindlichkeiten benutzt hatten, so wenig waren sie nun daran interessiert, mich gehen zu lassen. Meine Demission wurde abgelehnt. Also blieb ich, mehr aus Pflichtbewusstsein denn aus Begeisterung.

Einige Tage vor diesem Rücktrittsangebot nahm ich erst einmal Reißaus, fuhr ans Meer und ging am Strand von Bournemouth spazieren. Hier hatte sich schon Sir Thomas Beecham Auszeiten vom aufgekratzten Leben in London genommen. In diesen Tagen spazierte ich Kilometer um Kilometer am Meer und der Wind peitschte mir ins Gesicht. Meine Gedanken kreisten. Hatte ich vielleicht wirklich den falschen Beruf gewählt? Hatten meine Kritiker am Ende Recht? War ich nicht zum Dirigieren geboren? Auf jeden Fall war ich unglücklich und, ja, auch verzweifelt. Vielleicht sollte ich etwas vollkommen anderes machen. Ich rief meine amerikanische Managerin Edna Landau an und erklärte ihr, dass ich in London Schluss machen würde. Ich sagte ihr, dass ich sogar überlegen würde, ganz mit der Musik aufzuhören. Sie hörte mir geduldig zu und antwortete dann auf ihre wunderbar lakonische Art: „Ach, Franz, hör einfach nur auf, am Strand spazieren zu gehen!" Doch meine Gedanken kreisten weiter, und irgendwann später habe ich meine Frau gefragt: „Würdest du mich auch lieben, wenn ich nicht mehr Chefdirigent wäre?"

Ich habe meinen Vertrag in London noch bis 1996 erfüllt und mich parallel auch nicht um eine neue Stellung beworben. Nach meinem Abschied schrieb der *Guardian* über „unschöne Jahre", in denen die „hohen Hoffnungen", die man in mich gesetzt hatte, „irgendwie nicht erfüllt wurden". Eine andere Zeitung war weniger stilvoll und resümierte: „He came from nowhere, he is going nowhere" („Er kam von nirgendwo und wird ins Nirgendwo gehen"). Es wäre gelogen zu behaupten, dass derartige Sätze, egal, ob sie zu Recht oder zu Unrecht geschrieben wurden, nicht weh taten.

In unserer Welt wird das Scheitern kaum noch thematisiert. Dirigenten werden einfach stillschweigend nicht mehr verpflichtet. Doch mit dem Abstand der Zeit bekommt das Scheitern durchaus einen Sinn. Mir sind viele Dinge klarer geworden: Die Grundkonstellation in London war vom ersten Tag an katastrophal, die unterschiedlichen Erwartungen von Orchester, Management, Presse, Publikum und mir eine unmögliche Ausgangsposition. Und natürlich habe ich aus Unerfahrenheit in der kulturpolitisch aufgeladenen Situation der pulsierenden Metropole London auch persönlich große Fehler gemacht. So unschön all das war, so schmerzhaft und so frustrierend – ich habe der Zeit in London letztlich sehr viel zu verdanken. Fehler sind niemals schlimm, wenn man sie nur einmal macht. Was ich gelernt hatte, war, dass Träume und Visionen nur umgesetzt werden können, wenn die Strukturen passen und das Umfeld das richtige ist.

Mir war nun klar, worauf ich in Zukunft auf jeden Fall achten würde, sollte mir je noch einmal ein Orchester einen Posten anbieten. Danach nahm ich keinen Job mehr an, nur weil das Angebot mir schmeichelte. Ich sagte nicht mehr zu, ohne mir die Herausforderungen, die eine solche Aufgabe mit sich bringt, genau anzusehen. Mich interessierten keine Angebote mehr, bei denen ich nicht spürte, dass die Institution und ich vielleicht eine gemeinsame Vision entwickeln könnten. Und noch etwas habe ich am Ende meiner Zeit in London gelernt: dass ich bereit war, loszulassen. Dass ein Rücktritt keine leere Drohung, sondern eine echte Möglichkeit für mich darstellt.

Heute bin ich mit London im Reinen und treffe viele Menschen von damals wieder. Und auch die Stadt empfängt mich offenherzig, wenn ich zum Beispiel mit dem Cleveland Orchestra gastiere. Als ich London verlassen habe, waren meine Selbstzweifel sehr groß. So groß, dass ich innerlich bereit war, das Dirigieren vollkommen an den Nagel zu hängen. Ich hatte überlegt, zurück an die Uni zu gehen, um Jura zu studieren – oder Wirtschaft. Ich war noch nicht sicher, für welchen Studiengang ich mich entscheiden sollte, als ein Anruf meine Überlegungen unterbrach. Der Intendant der Zürcher Oper, Alexander Pereira, fragte, ob ich nicht an sein Haus kommen wolle.

Ganz große Oper in Zürich

Auch in Zürich begrüßte mich zunächst die öffentliche Meinung mit ihrer unwiderstehlichen Direktheit. Die Schweizer Presse empfing mich nicht nur als neuen Chefdirigenten des Zürcher Opernhauses, sondern auch als „Loser von London".

Ich persönlich habe Zürich als meine letzte Chance begriffen. Wenn es auch hier nicht klappen würde, habe ich mir gesagt, werde ich mir einen neuen Beruf suchen. Am Ende blieb ich 13 Jahre in der Schweiz und – das kann ich heute sagen – bin jedes Jahr gemeinsam mit dem Haus und seinem Ensemble gewachsen. Die Lehren aus London konnte ich erst nach meiner Zeit in England ziehen, weil ich damals zu unerfahren war und die Verhältnisse vor Ort mich überfordert hatten. Ich musste mir zunächst eingestehen, dass ich gescheitert war, bevor ich aus diesem Scheitern lernen konnte. In Zürich sah die Sache ganz anders aus: Hier habe ich jeden Tag gelernt, während ich gearbeitet habe, und das lag zum großen Teil an Alexander Pereira.

Es verwundert mich nicht, dass uns viele keine drei Monate gegeben haben. Pereira war schon damals für seine Emotionalität und sein eigenwilliges Ego bekannt. Später, bei den Salzburger Festspielen, habe ich selbst nicht nur positive Erfahrungen mit ihm gesammelt. Doch wenn man begreift, dass er in all seinem Tun von Leidenschaft angetrieben wird, dass es bei ihm stets um die Sache geht und dass er sich in jeder Situation mit Haut und Haaren vor sein Ensemble und sein Haus stellt, lernt man auch sein Ego zu schätzen.

Alexander Pereira ist Österreicher, so wie ich. Seine Eltern wollten, dass er zunächst einen „richtigen" Beruf erlernt, und so wurde er Tourismusmanager und dann Vertreter für die italienische Schreibmaschinenfirma Olivetti. Aber sein Herz schlug für die Musik. Eigentlich wäre er gerne Sänger geworden, doch er machte schließlich Karriere als Kulturmanager. Über die Frankfurter Bachkonzerte kam er zum Wiener Konzerthaus. Hier war er erfolgreich und machte den heutigen Intendanten der Elbphilharmonie, Christoph Lieben-Seutter, zu seinem Assistenten. Von Wien aus ging Pereira 1991 weiter an das Opernhaus Zürich. Sein ursprüngliches Vertreter-Gen kam ihm als Opernintendant sehr gelegen.

Die Zürcher Oper wurde Anfang der 1980er-Jahre für 60 Millionen Franken aufwändig renoviert und umgebaut. Zur selben Zeit sprach sich die Stadt gegen die Errichtung eines autonomen Jugendzentrums aus. Die Folge waren die größten und radikalsten Jugendproteste in der Geschichte der Schweiz. Nach einem Konzert von Bob Marley kam es zu den sogenannten Opernhaus-Krawallen, bei denen es zahlreiche Verletzte auf Seiten der Jugendlichen und der Polizei gab. Als Pereira in Zürich antrat, hatten sich die Wogen geglättet. Er bezog ein nagelneues Haus und suchte nun nach seiner Rolle im internationalen Opernbetrieb.

Was ich an Pereira besonders schätze, ist, dass er nicht nur ein enthusiastischer Opernfan ist, der sich in der Opernliteratur,

13 Jahre lang dauerte die Zusammenarbeit von Alexander Pereira als Intendant und Franz Welser-Möst als Chefdirigent am Zürcher Opernhaus an

mit der Musik und den Stimmen auskennt, Pereira ist vor allen Dingen ein struktureller Stratege. Ich kenne keinen anderen, der Sponsorengespräche so geschickt führt wie er. Wie oft habe ich den Satz von Mäzenen gehört: „Eigentlich wollte ich Alexander sagen, dass ich ein Jahr aussetzen wollte, und als er ging, hatte ich unterschrieben, dass ich mehr bezahle als im letzten Jahr." In Zürich mobilisierte er besonders die finanzstarken Großsponsoren, Banken, Versicherungen und andere große Firmen, um seine Pläne mitzufinanzieren.

Für Pereira bildet die Struktur eines Hauses die Grundlage für künstlerische Visionen. Und so hat er das Opernhaus in Zürich innerhalb kürzester Zeit vollkommen neu aufgestellt. Pereira war maßgeblich daran beteiligt, das Haus durch eine Volksabstimmung aus den Händen der Stadt in die Hände des finanziell wesentlich liquideren Kantons zu übergeben. Dadurch legte er die Grundsäule für ein bemerkenswertes Geschäftsmodell, das noch heute funktioniert: Das Zürcher Opernhaus ist eine AG mit mehr als 24.000 Aktionären, von denen keiner mehr als zehn Prozent der 9.508 Namensaktien besitzt. Die AG betreibt im Auftrag des Kantons Zürich das Musiktheater und das Ballett.

Neben diesen Grundlagen kämpfte Alexander Pereira dafür, dass das Zürcher Opernhaus Mitglied der deutschsprachigen Opernkonferenz wurde, einem Zusammenschluss von inzwischen 13 Opernhäusern in Deutschland, Österreich und der Schweiz, deren Intendanten, Geschäftsführer und Direktoren sich regelmäßig treffen, um einander auszutauschen – ein nicht unwesentliches Netzwerk und eine starke Interessengruppe.

Mein erster Kontakt mit dem Zürcher Opernhaus war eine Wiederaufnahme des *Rosenkavalier* von Richard Strauss im Jahre 1992. Das Orchester ging danach zu Alexander Pereira und warb für meine Einstellung. Der Intendant glaubte, eigentlich ohne musikalischen Chef auszukommen. Nach Ferdinand Leitner und Ralf Weikert hatten zunächst die regelmäßig auftretenden Dirigenten-Legenden das Geschehen in Zürich geprägt. Besonders Nello Santi, der seit 1958 am Haus war und sich hauptsächlich des italienischen Repertoires annahm, sowie Nikolaus Harnoncourt, der seit 1975 in Zürich auftrat, zunächst mit Monteverdi, dann mit Mozart und später mit Offenbach, Weber und sogar Verdi. Ich glaube, Pereira war skeptisch, als er mir den Chefdirigenten-Posten anbot. Gleichzeitig war er Taktiker genug, um zu ahnen, dass er dem Wunsch des Orchesters nachkommen sollte und auf meine Neugier bauen konnte. Ich hatte schließlich kaum Opernerfahrung, war aber mehr als lernbegierig.

Schließlich haben wir 13 Jahre lang gemeinsam mit unendlicher Leidenschaft immer wieder neue Visionen entwickelt und Zürich zu einem der führenden Opernhäuser in Europa gemacht. Die Zusammenarbeit mit Alexander Pereira funktionierte in dieser

Zeit vielleicht auch deshalb so gut, weil es ihm stets um den Inhalt ging. Ich erinnere mich an viele Meinungsverschiedenheiten und Streitereien, zuweilen ging es hoch her. Aber wir haben uns nie über Verträge, Geld oder innere Strukturen gestritten, sondern nur über Besetzungen, Regisseure oder Sänger. Und am Ende haben wir bei jeder Entscheidung an einem Strang gezogen – sowohl innerhalb des Hauses als auch nach außen.

Pereira liebt das Übermaß, die Fülle und den großen Auftritt. Und so sei an dieser Stelle eine Anekdote erzählt, die eine andere Art von Stille beinhaltet. Sie könnte den Titel tragen „Als ich den Papst zum Schweigen brachte". Am 6. Mai 2006 fand im Petersdom zu Rom das feierliche Hochamt zum 500-jährigen Jubiläum der Schweizergarde im Vatikan statt. Pereira hatte es dank seiner Beziehungen, vor allem zum damaligen Schweizer Bundespräsidenten Moritz Leuenberger, geschafft, dass das Orchester und der Chor des Opernhauses Zürich diesen Festgottesdienst umrahmen durften. Auf Wunsch von Papst Benedikt XVI. sollten Mozarts *Krönungsmesse* und sein *Laudate Dominum* gespielt werden. Wir mussten alle an diesem Tag schon sehr früh aufgrund der Sicherheitskontrollen in der Kathedrale sein, wobei mir die Organisation etwas improvisiert und chaotisch erschien. Wir waren hinter dem Hochaltar in St. Peter platziert, und der Zeremonienmeister des Vatikans teilte mir kurz vor Beginn der Zeremonie mit, dass der Heilige Vater das *Gloria* selbst anstimmen würde. Es folgte der farbenprächtige Einzug der Garde, der Kardinäle, Bischöfe, Würdenträger und Messdiener. Am Ende dieses langen Zuges erschien der Papst, der, zierlich wie er ist, beinahe nicht zu sehen war.

In diesem überwältigenden Raum mit seiner Pracht und dem langen Nachhall begann der Wortgottesdienst mit allem Prunk, den die katholische Kirche für solch einen Anlass aufbietet. Im ersten Teil der heiligen Messe konnte ich den Papst nicht sehen, da wir uns auf der anderen Seite des gigantischen Hochaltars befanden. Wir

Den Fauxpas beim *Gloria* nahm Papst Benedikt
Franz Welser-Möst und seiner Frau bei der anschließenden Privataudienz im Mai 2006 nicht übel

musizierten das *Kyrie* und dann wartete ich darauf, dass der Heilige
Vater das *Gloria* anstimmen würde. Ich wartete und es erschien mir
wie eine Ewigkeit. Ich konnte der Handlung vor dem Hochaltar
nicht folgen, und als der Organist der Kathedrale das *Gloria* into-
nierte, dachte ich mir, dass mich der Zeremonienmeister angesichts
des Chaos, das wir im Vorfeld zu diesem Schauspiel erlebt hatten,
falsch informiert hatte und legte los.

Danach erzählte mir Alexander Pereira mit Entsetzen und
gespickt mit Vorwürfen, dass genau in dem Moment, als ich mit
dem *Gloria*-Jubel begann, der Papst gerade von seinem Stuhl auf-
gestanden war und seinen Mund schon geöffnet hatte, um das
Gloria anzustimmen. Also setzte er sich einfach wieder nieder.
Ein echter Fauxpas meinerseits, der mir passierte, obwohl ich in
der katholischen Kirche aufgewachsen und zudem acht Jahre lang

Ministrant gewesen war. Anschließend an das Hochamt gab es eine Privataudienz in den päpstlichen Privatgemächern, bei der Bundespräsident Leuenberger meine Frau und mich Papst Benedikt vorstellte. Als ich an der Reihe war und er mir die Hand zum Gruß ausstreckte, sagte ich: „Heiliger Vater, es tut mir leid, dass ich Ihnen das Wort abgeschnitten habe!" Er lächelte mich an und erwiderte: „Es war Mozart."

Man muss wissen, dass die Worte „klein" und „bescheiden" in Alexander Pereiras Wortschatz nicht vorkommen. Und so liest sich dann auch unsere Bilanz: Zuweilen hat er 16 Premieren in einer Spielzeit angesetzt. In einer Saison habe ich persönlich fünf Premieren selbst übernommen, außerdem stand ich an 70 Abenden im Orchestergraben. In meiner Zürcher Zeit habe ich 43 Premieren dirigiert und 49 verschiedene Produktionen – all das an weit über 500 Abenden. Das verrät viel über die Philosophie, die er verfolgt hat und – das muss man dazu sagen – die das Haus sich finanziell auch leisten konnte. Es ging uns um Vielfalt, um ein breites Repertoire und um größtmögliche Abwechslung. Unsere Rechnung war simpel: Es ist besser, wenn fünf von 16 Premieren floppen, als wenn fünf von sechs Premieren beim Publikum durchfallen. Gleichzeitig war es immer auch Pereiras Devise, das Ensemble zu fordern. Er sagte gern: „Wenn die Musiker und Sänger keine Zeit haben, in der Kantine zu sitzen, haben sie auch keine Chance zu intrigieren." Dann zeigte er sein breites Lächeln mit der großen Zahnlücke in der Mitte.

Alexander Pereira ist so etwas wie ein Uli Hoeneß der Oper (Anm.: Langzeitmanager des europäischen Fußballstarklubs FC Bayern München), ein strenger Prinzipal mit großem Herzen, ein leidenschaftlicher und bestimmter Manager, aber auch ein weichherziger Förderer seiner Künstler. Ich erinnere, wie es mit Ballettdirektor Heinz Spoerli regelmäßig zu einer Art Schreiduell auf den Fluren des Opernhauses kam, zwei Alphatiere, die immer wieder aufeinanderprallten. Ich erinnere aber auch, wie Pereira irgendwann bei der *Neuen Zürcher Zeitung* anrief, weil ein Kritiker es darauf abgesehen hatte, egal, was wir taten, das Orchester und mich schlecht zu machen. Der Intendant forderte eine Aussprache und kämpfte wie ein Löwe für seine Leute und sein Ensemble – in der Regel sehr erfolgreich. Gleichzeitig hatte er keinerlei Hemmungen, wenn es um Geld ging. So kam er einmal zwei Minuten vor meinem Auftritt am Eingang zum Orchestergraben zu mir und fragte mich, ob ich mit dem Honorar für die DVD-Aufzeichnung dieser Vorstellung einverstanden wäre. Er wusste, dass ich schon voll auf die Aufführung konzentriert war und nutzte dies in charmanter Art und Weise aus. Heute weiß ich, dass ein Großteil des internationalen Erfolges des Zürcher Opernhauses auch darin bestand, dass Pereira durch seine DVD-Verträge vieles von dem, was bei uns stattfand, in die Welt sendete. Selbst wenn wir nicht übermäßig daran verdienten, haben wir alle davon profitiert. Pereira selbst bezeichnete sich einmal mir gegenüber als jemand, der mit seinem Bauchladen durch die gesamte Welt geht, um sein Opernhaus feilzubieten.

Im Vordergrund der Zürcher Zeit stand die Oper als Gesamtkunstwerk: ein enges Zusammenspiel aus musikalischer Leitung und aus erfahrenen Regisseuren wie Harry Kupfer, Robert Wilson, Götz Friedrich oder Jürgen Flimm. Gleichzeitig wurde das Neue gepflegt, zum Beispiel übernahm Sven-Eric Bechtolf bei uns seine erste Opernregie mit der spektakulären Inszenierung von Alban Bergs *Lulu*.

Im Zentrum standen aber immer die Sänger. Innerhalb eines Opernhauses sollten Erfahrung und jugendliche Neugier einander ergänzen. Ein Grund, warum das Opernstudio für junge Sänger große Wichtigkeit hatte und warum besonders Alexander Pereira alles dafür tat, dass die großen Legenden des Gesangs sich in Zürich wohlfühlten (und sich zum guten Teil hier auch ansiedelten). Sie alle konnten sich auf Pereiras Nibelungentreue verlassen.

Es gab legendäre Abende bei uns am Haus, an denen der 70-jährige Hermann Prey noch einmal den Papageno aus der *Zauberflöte* sang, oder Alfredo Kraus mit 71 Jahren Jules Massenets

Werther übernahm, was sich anhörte, als wäre er noch 40 Jahre jung – ein Ereignis für jeden, der dabei war. Ich erinnere mich an eine Aufführung von *Boris Godunow*, bei der Matti Salminen die Titelrolle und Nicolai Ghiaurov den Mönch Pimen sang – ein Abend, an dem Regisseur David Pountney gar nichts mehr in Szene zu setzen brauchte und man als Dirigent mit offenem Mund diesen beiden Giganten einfach nur folgte. Ghiaurovs Frau, Mirella Freni, trat in Zürich an seiner Seite in Tschaikowskys *Eugen Onegin* auf, und Alexander Pereira und ich versuchten, ihr auch ausgefallene Wünsche zu erfüllen. Unter anderem wollte sie unbedingt *Madame Sans-Gêne* von Umberto Giordano singen, eine zugegebenermaßen nicht erstklassige Oper. Aber weil es die Freni war und weil man von ihr immer etwas lernen konnte, setzte er das Stück auf den Spielplan – und wir bekamen dafür eine Lehrstunde in Sachen Verismo. Von den Stimmlegenden konnte jeder am Haus Disziplin, Ehrlichkeit und Wahrhaftigkeit lernen.

Wenn man die Ensemble-Listen von damals durchgeht, kommt man ins Staunen: Agnes Baltsa, Edita Gruberová, Cecilia Bartoli, Anja Silja, Francisco Araiza, Thomas Hampson, Leo Nucci oder Neil Shicoff waren ans Haus gebunden. Eine Mischung aus alten Stars, aus Künstlern auf dem Zenit ihrer Karriere und jungen, ambitionierten und lernbegierigen Sängern. Ich halte es für eine existenzielle Notwendigkeit, genau diese Mischung an einem Ensemblehaus zu beflügeln. Wer beim Zürcher Opernstudio angenommen wurde, lernte wahrscheinlich mehr auf der großen Bühne neben den Gesangstars als an jeder Musikhochschule. Pereira reiste um die Welt, hörte unendlich viele Stimmen, um zu wissen, was an anderen Häusern los war, und um die spannendsten Künstler nach Zürich zu holen. Hier gaben wir ihnen dann den nötigen Raum zur freien Entfaltung. Es war eine Zeit, in der ein Generalmusikdirektor noch gemeinsam mit Sängern das Repertoire besprach, in der man zusammen überlegte, welches Stück bereits passen könnte und welche Oper man lieber noch etwas hinauszögern sollte. Heute scheint mir (besonders an großen Häusern) die Zeit für derartige Überlegungen zu fehlen. Aber genau das ist, was ein gutes Opernhaus langfristig ausmacht. Es ist ein Zuhause, eine Heimat, eine Familie, der man vertrauen kann. Ein Ort, an dem die Stimme gefördert und nicht überschnell gefordert und mittelfristig zerstört wird. Ein Opernhaus wird idealerweise von vielen Individuen getragen, die auf ihren unterschiedlichen Wegen an einem gemeinsamen Großen und Ganzen arbeiten.

Besonders bei den jungen Ensemblemitgliedern hatten wir – das kann man heute so sagen – ein gutes Händchen: Wenn wir eine *Zauberflöte* programmiert haben, konnten wir uns zwischen zwei Tenören entscheiden, der eine war der junge Jonas Kaufmann, der andere der junge Piotr Beczała.

Es waren diese Spannungsfelder und die Arbeitsatmosphäre, die das Zürcher Opernhaus zu einem außergewöhnlichen Ort machten. Jeder, der hier arbeitete, konnte spüren, dass er Teil eines weltweit ganz besonderen Projektes war. Es war uns gelungen, ein großes Miteinander zu schaffen – trotz aller Vielfalt und Gegensätze. Und das gilt insbesondere für die Qualität des Zürcher Opernorchesters. Mir war es wichtig, dass die Musiker von der Vielfalt des Hauses profitierten, dass sie an einem Abend mit Nello Santi, am anderen mit Nikolaus Harnoncourt und am nächsten wieder mit mir spielten. Ich hatte den Luxus, mir selbst Vielfalt verordnen zu können: von Wagners komplettem *Ring* bis zur Operette, von Mozart bis zum Verismo. Allein die Auswahl der DVDs, die in diesen Jahren erschienen sind, zeigt die Bandbreite unseres Hauses. Wir haben unter anderem Jonathan Millers Inszenierung der *Zauberflöte* aufgenommen, den *Simplicius* von Johann Strauß (Sohn), Schuberts *Fierrabras* mit Jonas Kaufmann und Juliane Banse, Debussys *Pelléas et Mélisande*, Benjamin Brittens *Peter Grimes*, Verdis *Macbeth* in der Regie von David Pountney, Richard Wagners *Meistersinger* mit José van Dam und Peter Seiffert, Richard Strauss' *Arabella* mit Renée Fleming, Eugen d'Alberts *Tiefland* in der Inszenierung von

Matthias Hartmann und die bereits erwähnte, für mich bis heute spektakuläre *Lulu* in der Inszenierung von Sven-Eric Bechtolf mit Laura Aikin in der Titelrolle. Ich bin sicher, dass es die Flexibilität und die klangliche Vielfalt des Orchesters waren, die am Ende dafür gesorgt haben, dass es im Jahre 2002 zum Opernorchester des Jahres gewählt wurde, was uns erneut internationale Aufmerksamkeit bescherte.

Doch am Ende habe ich auch gespürt, dass es immer schwerer wurde, die Institution des inzwischen saturierten Zürcher Opernhauses noch herauszufordern. Viele Abläufe wurden zur Routine, und es bestand die Gefahr, selbst bequem zu werden. Auch das Verhältnis zu Alexander Pereira war inzwischen etwas abgekühlt. Mit anderen Worten: Es wurde Zeit, dass ich mich neu herausforderte, und dafür hieß es Abschied zu nehmen. Ich tat das mit meiner letzten Premiere von Richard Strauss' *Frau ohne Schatten* und dann endgültig mit dem Dirigat jener Oper, die für mich auch die erste war, die ich am Zürcher Opernhaus dirigiert hatte, mit Richard Strauss' *Rosenkavalier*. Nachdem der Vorhang zu dieser letzten Aufführung gefallen war, verabschiedete ich mich hinter der Bühne vom wunderbaren Orchester, vom großartigen Ensemble und vom alten Haudegen Alexander Pereira, von dem ich so viel darüber gelernt hatte, wie wichtig sowohl die Strukturen als auch die andauernde Begeisterung für das Funktionieren eines optimalen Opernhauses sind. „Ich danke Alexander Pereira", sagte ich in einer kleinen Stegreifrede, „dem Intendanten, der für mich eine Mischung aus Sonnenkönig, Münchhausen, Teppichhändler und Mutter Teresa ist." Eine Liebeserklärung an eine der stärksten Persönlichkeiten, die ich im Operngeschäft kennengelernt habe.

Gedanken zum Regietheater

Den *Zauberberg* lesen wir heute vermeintlich so, wie Thomas Mann ihn geschrieben hat – Wort für Wort. Und auch die *Mona*

Lisa lächelt uns vermeintlich im Pariser Louvre an, wie Leonardo Da Vinci sie gemalt hat – Strich für Strich. Nichts außer der inzwischen erlebten Zeit steht zwischen diesen Kunstwerken und uns, ihren Rezipienten. Das ist in der Musik etwas anders – und ganz besonders in der Oper. Anders als ein Buch oder ein Bild muss Musik jeden Abend neu geschaffen werden. Eine Oper hat, wenn man so will, zwei Schöpfungsakte. Der erste und wichtigste findet statt, wenn der Librettist den Text und der Komponist die Noten auf das Papier bringen. Diese erste Schöpfung ist die unabwendbare Grundlage der zweiten Schöpfung, unserer Arbeit, die stummen Noten jeden Abend aufs Neue zu beleben, durch ihre musikalische und szenische Interpretation. Dieselbe Oper hört sich, auch wenn sie vom gleichen Ensemble und dem gleichen Dirigenten interpretiert wird, an zwei verschiedenen Abenden immer wieder anders an. Letztlich ist die Musik die Kunst des ewig Anderen im immer Gleichen. Jeden Abend werden dieselben Noten – von Bachs *Brandenburgischen Konzerten* bis zu Schönbergs *Verklärter Nacht* – gespielt und nie klingen sie gleich. Die Frage, wie man als Dirigent mit diesem Umstand der „zweiten Schöpfung" umgeht, werde ich später noch genauer ausführen. Mindestens so radikal stellt sich diese Frage im Falle der Oper auch für die szenische Umsetzung, also für die Regie.

Es ist logisch, dass wir eine Oper heute nicht aufführen können wie zur Zeit Mozarts oder Wagners. Das hat unterschiedliche Gründe, vor allen Dingen, dass sich unsere Welt gewandelt hat. Nicht nur unsere Werte und Dogmen haben sich verändert, sondern auch unsere Theaterwelt und – nicht zu unterschätzen – ihre Technik. Unsere Häuser sind größer, unsere Sänger anders ausgebildet und wir verfügen über vollkommen andere Möglichkeiten. Während Richard Wagner beim Auftritt des Lohengrin noch auf Kerzenlicht setzen musste, haben wir heute digital gesteuerte Scheinwerfer. Und es besteht wohl kaum ein Zweifel, dass gerade jemand wie Wagner, der den berühmten Spruch geprägt hat: „Kinder, schafft Neues!", nicht auf technische Innovationen verzichten würde. Das kann also auch für uns keine Option sein. Selbst wenn wir Mozart bei Kerzenschein spielen würden, wären wir selbst noch immer Kinder unserer Zeit. Wir werden – ob wir wollen oder nicht – nie mehr in der Lage sein, so zu hören oder zu empfinden wie die Menschen zur Zeit Mozarts. Mir gefiel immer Nikolaus Harnoncourts Erklärung für dieses Phänomen: Wer einmal ein Flugzeug gehört hat, kann die *Kleine Nachtmusik* nicht mehr hören wie Mozart. Ein Grund, warum die historisch informierte Aufführungspraxis für Harnoncourt auch nie der Versuch war, Mozarts Zeit zu imitieren, sondern das ewige Bestreben, das Extrakt seiner Musik im Heute erlebbar zu machen. Und das ist ein großer Unterschied!

Besonders in der Oper ist diese Frage wesentlich. Sie kann Brücken zwischen der Vergangenheit und der Gegenwart schlagen: die Partitur als historischer Fixpunkt und die szenische Umsetzung als gegenwärtiger Bezugspunkt. So wie ein Dirigent, ein Orchester oder die Sänger ist ein Regisseur stets Teil der „zweiten Schöpfung", also jenes Prozesses, durch den eine Partitur überhaupt erst zur erlebbaren Kunst in unserer Zeit werden kann. In einem Programmheft der Salzburger Festspiele 1928 fand ich einen Beitrag zur Opernregie von Lothar Wallerstein (1882–1949), ein aus Prag stammender und nach dem „Anschluss" Österreichs in die USA emigrierter Regisseur, Dirigent und Operndirektor. Seine lebendigen Regiearbeiten setzten neue Maßstäbe im Bereich des Szenischen. Ab 1926 inszenierte er auch regelmäßig bei den Salzburger Festspielen, unter anderem *Rosenkavalier* und *Ariadne auf Naxos* in enger Zusammenarbeit mit Hugo von Hofmannsthal und Richard Strauss. So sagte er in Hinblick auf die „Vermittlerrolle" von Regisseuren: „Die beigedruckten wie überlieferten ‚Regiebemerkungen' sind oft nur eine Form der Darstellungsmöglichkeit, dazu noch an die Entstehungszeit des Werkes gebunden und den damaligen theatralischen und technischen Möglichkeiten angepasst. Hier nun ist dem stilsicheren Regisseur das Recht zu ändern nicht abzusprechen: er tut ja dann nichts anderes, als eine neue Interpretation des geistigen Inhaltes des Werkes für *seine* Zeit zu suchen, wirkt also als Vermittler zwischen Autor und Gegenwart."

Um Missverständnissen vorzubeugen: Die Gegenwärtigkeit einer Operninszenierung zeigt sich nicht unbedingt daran, ob Flugzeuge, Raumschiffe oder Außerirdische die Bühne bevölkern oder ob die Sänger zerrissene Jeans tragen. Es gibt durchaus gegenwärtige Inszenierungen, die in der Vergangenheit angesiedelt sind, ebenso wie es sehr gestrige Regiearbeiten gibt, obwohl der Regisseur die Handlung auf den Mond verlegt. Ich finde das Wort „Regietheater" sorgt grundsätzlich für mehr Irritationen, als dass es einen klaren Rahmen oder eine greifbare Ästhetik definiert. Es ist selbstverständlich, dass jeder Regisseur das Publikum seiner Zeit erreichen will – welche Sprache und Mittel er dafür nutzt, ist für mich persönlich erst einmal zweitrangig und sagt noch nichts über die Qualität einer Inszenierung aus.

Dass wir in der Oper dennoch eine Debatte um das Regietheater führen, hat meiner Meinung nach eine andere Ursache als die individuelle Theaterästhetik. Es handelt sich in Wahrheit um eine grundsätzliche Frage unserer Zeit. Früher bestand Konsens darüber, dass Theater – und Stadttheater allemal – moralische Anstalten sein sollten. Orte, an denen unser Blick auf die Welt mit den Grundregeln des Humanismus gerichtet wurde. Es ist diese Grundkonstellation, die zunehmend ins Wanken geraten ist, in einer Welt, in der es immer weniger Einigkeit über moralische Konventionen zu geben scheint, oder in der sie sich zumindest massiv verschieben.

Als es in diesem Buch um die Education-Programme ging, habe ich bereits beschrieben, dass ich der festen Überzeugung bin, dass vielen Menschen ein Koordinatensystem fehlt, in dem sie unsere immer komplexere Gegenwart einordnen können. Mir scheint das eine Schlüsselfrage zu sein: Woran können wir uns überhaupt noch kollektiv orientieren? Was sind die unumstößlichen moralischen Kategorien, an die wir alle glauben können? Würde es jemals auch wieder eine Ästhetik geben, an der sich Aufführungen in unseren Theatern ausrichten können? Wir leben in einer Welt, die trotz des Zusammenrückens im Zuge der Globalisierung in vielen Bereichen auseinanderzudriften scheint. Fake News tun das Ihre dazu. Selbst Institutionen wie etwa die katholische Kirche werden in Frage gestellt – sowohl durch das Wissen über das Benehmen des „Bodenpersonals", das sich an seine eigenen Regeln nicht hält, als auch durch eine verbreitete Skepsis gegenüber der Religion an sich. Populisten und ihre Bewegungen sind schon lange keine Minderheiten-Phänomene mehr, und die Kirche verliert ihren Anspruch, eine mehrheitliche moralische Anstalt zu sein. Mit anderen Worten: Wir leben in einer Zeit, in der gleich zwei Grundsätze wanken, die jahrhundertelang unser Zusammenleben und damit auch unsere Kunst und Kultur geprägt haben: der Humanismus und die Religion.

Selbst das, was wir einst „europäische Tradition" genannt haben, existiert so nicht mehr. In den 1990er-Jahren wurde das Regietheater, besonders in den USA, mit „European Trash", also „europäischem Müll", gleichgesetzt. Damals waren es die sogenannten 68er, die eine überfällige und nach dem Nationalsozialismus lange vermiedene politische Debatte auf die Bühne geholt haben. So haben wir in weiterer Entwicklung Patrice Chéreaus Götter im Bayreuther Jahrhundert-*Ring* (1976) zum ersten Mal als Menschen erleben können. Ein Regiekonzept, von dem es heute schwierig ist, sich vorzustellen, dass es als Skandal mit Trillerpfeifen und Buhrufen bedacht und von Tumulten begleitet wurde.

Die Freiheit, die wir suchten, haben wir vermeintlich gefunden. Was wir jedoch dabei vergessen haben ist, dass die Freiheit eine Schwester des Verantwortungsbewusstseins ist. Verantwortung für einen selbst, aber auch für die anderen. Unter dem Vorzeichen der Provokation, die über Jahrzehnte im sogenannten Deutschen Regietheater so bestimmend war, haben wir vergessen, dass wir mit diesen Provokationen nur wieder neue Feindbilder geschaffen haben. Das Gegeneinander schließt ein Miteinander aus und widerspricht daher der ursprünglichsten Idee des Theaters.

Was können wir der allgemeinen Erosion der Werte entgegensetzen? Nach den 68ern haben wir es mit der Postmoderne versucht, mit Eklektizismus, also dem wilden Zitieren des Vergangenen und des Bestehenden. Das war eine vielleicht unterhaltsame Modeerscheinung, von der wir heute aber wissen, dass sie sich oft selbstreferenziell im Kreis gedreht hat. Ich bin der festen Auffassung, dass eine Welt, die im grundlegenden Wandel begriffen ist, im Theater drei Dinge gut gebrauchen könnte: das Bewusstsein über die Bedeutung und das Funktionieren unserer Institutionen, ein perfektes Handwerk und eine stimmige Erzählung. Drei wesentliche Bausteine, die nicht nur der Opernbühne guttun würden, sondern auch der Politik.

Das unbestechlichste Kriterium ist dabei das Handwerk. Es kann nicht sein, dass sich ein ganzes Ensemble in einer Klavierhauptprobe die Frage stellen muss, wie der tote Komtur im *Don Giovanni* eigentlich von der Bühne kommt. Diese Frage muss ein Regisseur bereits vor der ersten Probe gelöst haben! Es ist kein Geheimnis, dass ich in meiner Zeit an der Wiener Staatsoper Probleme mit den Mozart-Inszenierungen des Regisseurs Jean-Louis Martinoty hatte und mich nach seinem *Figaro* und dem *Don Giovanni* weigerte, auch noch die *Così* zu dirigieren. Aber es geht mir an dieser Stelle gar nicht um den konkreten Fall, wohl aber um die Grundsätze der Regiearbeit: Wenn Oper funktioniert, ist sie eine der schönsten Kunstformen überhaupt, wenn nicht, kann sie eine der schrecklichsten sein. Es sind so viele Zahnräder, die an einem Abend ineinander greifen müssen, und es muss für all das eine Grundlage geben, eine inhaltliche Verbindung der unterschiedlichen Ebenen dieses komplexen Gesamtkunstwerkes aus Musik, Text, Bewegung und Bild. Ich glaube, dass die Oper dabei durchaus Unstimmigkeit und Meinungsverschiedenheit verträgt, dass der Prozess des Opern-Machens aber stets ein gemeinsamer Weg sein sollte. Und dabei ist es wichtig, dass sich jeder Teil dieser großen Maschine Oper verantwortlich fühlt, in den Entstehungsprozess einbezogen ist und auch von sich aus Informationen und Austausch einfordert. Wenn diese Grundvoraussetzung nicht gegeben ist, habe ich persönlich keine Lust mehr, am Pult zu stehen.

Ich erinnere mich an eine Bauprobe zu Richard Strauss' Oper *Arabella* in Zürich, bei der ich – als Dirigent der Oper – anwesend war. Das wiederum erstaunte den Regisseur Götz Friedrich. „Was machen Sie denn hier?", fragte er mich. Als ich antwortete, dass diese Probe meine letzte Chance sei, Einfluss auf die Bühne zu nehmen und zu sehen, ob sie meinen akustischen Vorstellungen entspricht, antwortete er: „Da haben Sie freilich Recht, aber ich habe noch nie einen Dirigenten bei einer Bauprobe gesehen."

Für mich ist das seit jeher eine Selbstverständlichkeit, ebenso wie mein Wunsch, mich mit dem Regisseur bereits vor den ersten Proben über das jeweilige musikalische und szenische Verständnis auszutauschen. Ich erwarte von Regisseuren auch ein Wissen über, oder zumindest ein Interesse an der Musik. Was für mich schwer zu begreifen ist, wenn der Don Ottavio den Regisseur fragt: „Was sollen wir in dieser Szene machen, es ist so viel Musik zu überbrücken?", und der Regisseur antwortet: „Probier einfach etwas aus." Ich glaube nicht, dass es die Aufgabe der Sänger ist, dem Regisseur die Oper zu erklären. Es ist für mich daher auch vollkommen nachvollziehbar, dass Sänger, von denen erwartet wird, dass sie bestens vorbereitet zum ersten Probentag erscheinen, sich zusehends dagegen wehren, sechs bis acht Wochen szenisch zu proben, wenn der Regisseur sich nicht vorbereitet hat. Überhaupt wird die Komplexität der Oper oft unterschätzt, vor allem von Regisseuren, die nicht in diesem Metier groß geworden sind. Ich werde skeptisch, wenn ein Regisseur sich nicht mit der Partitur, sondern lediglich mit einem CD-Booklet vorbereitet.

Ich bin der festen Überzeugung, dass gerade in einer Zeit, die immer lauter und chaotischer wird, die Besinnung auf das Epische und die Rückkehr des Handwerkes an Bedeutung gewinnen müssen – und insbesondere unsere individuelle Haltung!

Für mich ist es wichtig, dass Kunst nie hermetisch wird. Es kann nicht darum gehen, eine einzige Idee eines Regisseurs auf ein Werk zu stülpen. Kunst ist für mich nur spannend, wenn sie offenbleibt – auch in ihrer Vielschichtigkeit. Interpretation bedeutet, den Betrachter an der Hand zu nehmen und ihn in den Raum der Fantasie zu führen. Jede Kunst sollte Raum zum Mitdenken lassen und das fertige Bild nicht oktroyieren. Ich erinnere mich an die Reaktionen auf die *Lulu*-Inszenierung von Sven-Eric Bechtolf in Zürich. Bechtolf hatte an der Stelle in der Oper, wo ein Film vorgesehen ist, ein Video gezeigt, in dem ein Mädchen vor einer Männerhand, die nach ihm greift, wegläuft. Nach der Premiere bekamen wir zahlreiche Zuschauerbriefe, unter anderem einen, in dem sich jemand beschwerte, dass wir „die Vergewaltigung eines Kindes" gezeigt hätten. Für mich war das eine überraschende Reaktion, die zeigt, dass die individuelle Fantasie weit über das faktische Beobachten hinausreicht. Denn eine Vergewaltigung war auf unserer Leinwand nie zu sehen.

Ich schätze Inszenierungen, die zeitlos sind. Zeitlos bedeutet für mich, dass das Element der Zeit-Ungebundenheit, die jedem großen Kunstwerk immanent ist, gemeinsam mit einem überzeugenden und stimmigen Raumkonzept in einer Inszenierung erfahrbar wird. Ich denke dabei gerne – unter vielen anderen – an *Fidelio* oder *Tannhäuser*, die ich mit Claus Guth erarbeitet habe, an den Salzburger *Rosenkavalier* mit Harry Kupfer oder *Salome* mit Romeo Castellucci.

Da wir an dieser Stelle auch über die Institution der Oper an sich sprechen, ist es vielleicht wichtig daran zu erinnern, dass die Opernhäuser einen Teil des Problems, dem sie derzeit ausgesetzt sind, durchaus selbst geschaffen haben. Die Probenbedingungen verschlechterten sich radikal, als die Häuser begonnen haben, den Künstlern die Probengelder zu streichen. Da hat sich ein Kreislauf

Proben zur Neuinszenierung des *Lear* von Aribert Reimann
(links) bei den Salzburger Festspielen 2017

entwickelt, der die Qualität vieler Aufführungen bis heute herunter-
zieht. Seit Künstler nicht mehr für die Probenzeit bezahlt werden,
sondern pro Vorstellung, versuchen sie, die Probenzeiten zu minimieren. Und so wird immer weniger geprobt. Hinzu kommt,
dass die Theater die Taktung der Aufführungen – ebenfalls aus
Effizienzgründen – steigern. Doch auch hier sollte gelten: Gerade
in einer schrillen und gehetzten Welt ist die Kunst der vielleicht
letzte Ort, der sich den Luxus der Ausgeruhtheit gönnen sollte. Wer
denn sonst?

Der Salzburger Da-Ponte-Zyklus im Jahre 2013 war mir eine
Herzensangelegenheit, für die ich im Vorfeld sehr gekämpft hatte.
Doch plötzlich stand ich, als es so weit war, in musikalischer
Verantwortung und konnte nicht zulassen, dass drei Vorstellungen
innerhalb von weniger als fünf Tagen gegeben werden sollten. Ich
hatte aus der Vergangenheit gelernt, dass derartige Taktungen jene

Ausgeruhtheit, die für die Künstler und die Kunst nötig ist, einfach nicht zulassen. Auch deshalb habe ich Alexander Pereira, der inzwischen Intendant der Salzburger Festspiele war, absagen müssen. Die Opernproduktionen der letzten Jahre in Salzburg wurden für mich immer mehr zu einer Bestätigung, dass Oper am besten ihre Funktion erfüllen kann unter Arbeitsbedingungen, die mich wie bei *Fidelio*, Aribert Reimanns *Lear*, *Rosenkavalier* sowie *Salome* mit großer Freude erfüllten und künstlerisch sehr befriedigend waren.

Wenn wir es mit den Brettern der Bühne als Bretter der Welt ernst meinen und der Auffassung sind, dass Oper nicht nur Tapete einer modernen Unterhaltungsgesellschaft ist, sondern weiterhin den Anspruch erheben sollte, unser Leben, unsere Sehnsüchte und unser Leid zu ordnen, dass sie eine Orientierung für unsere Gegenwart anbieten soll, dann braucht diese Kunst genau das, was unserer Zeit fehlt: große Ruhe und endlosen Atem.

Der Wiener Wahn (frei nach Richard Wagner)

In der Geschichte der Wiener Staatsoper gibt es eine ganze Reihe von Direktoren und Musikdirektoren, die demissioniert haben. So stand auch ich am 5. September 2014 um 10:15 Uhr im Büro des Staatsoperndirektors Dominique Meyer. Ein gemütlich eingerichteter Raum mit einer großen Bücherwand, einem Ölgemälde von Gustav Mahler und dem Blick über den Opernplatz. Am Abend davor hatte es auf Initiative des damaligen Geschäftsführers der Bundestheater-Holding, Günter Rhomberg, noch einen letzten Versuch gegeben, in einem Gespräch zu dritt einen gangbaren Weg für ein weiteres Zusammenwirken zwischen Meyer und mir zu finden. Doch die Gräben waren zu tief. Es ist immer schwer, einen Schlussstrich zu ziehen, aber es gab für mich letztlich keine Alternative. So klopfte ich am nächsten Morgen an die Tür und überreichte Dominique Meyer einen Umschlag. „Was ist das?", fragte mich dieser, und ich antwortete: „Meine Kündigung." In diesem Moment lächelte er, und als ich hinzufügte: „Ich bin zur Überzeugung gekommen, dass du nie einen Generalmusikdirektor haben wolltest", meinte er: „Das stimmt nicht." Dominique Meyer legte den Umschlag auf seinen runden Arbeitstisch, und ich verließ ohne weiteres Wort sein Büro.

Danach ging alles sehr schnell. Ich erläuterte in einer Stellungnahme der österreichischen Presseagentur meinen Verzicht auf dieses Amt: „Es gibt Differenzen über die künstlerische Ausrichtung des Hauses, die nicht von heute auf morgen entstanden sind. Dominique Meyer ist als Direktor die Nummer eins. Er ist ein sehr netter Mensch und hat in künstlerischen Dingen andere Meinungen. Das steht ihm auch zu. Aber dann muss ich die Konsequenzen ziehen." Dominique Meyers Aussendung sagte aus, dass er „mit großem Bedauern" meinen Rücktritt zur Kenntnis genommen habe, ein Schritt, der „ihm sehr leid" täte, da er „Franz Welser-Möst als Künstler und Dirigenten sehr schätze".

Es schien, als konnte es in den Tagen danach manchen Verantwortlichen im Haus mit meinem Auszug aus der Oper nicht schnell genug gehen. Ich war mitten in einer Europa-Tournee mit dem Cleveland Orchestra und wurde aufgefordert, umgehend mein Büro zu räumen sowie meinen Schlüssel und den Chip für die Türen der Staatsoper abzugeben.

Dominique Meyer stand von einem Moment zum anderen vor der großen Herausforderung, 34 Abende sowie zwei Premieren mit anderen Dirigenten zu besetzen. Ich bin oft gefragt worden, warum ich so abrupt gegangen sei. Es gab eine zunehmende Spaltung im Haus, die mir nicht entgangen war, und ich war deshalb der Überzeugung, dass dieser Riss durch meine Anwesenheit nicht weiter vertieft werden sollte.

Sieben Jahre zuvor, 2007, wurde mir einigermaßen überraschend von der damaligen Kulturministerin Claudia Schmied – ich war gerade in Cleveland – das Angebot unterbreitet, Generalmusikdirektor dieses einzigartigen Opernhauses zu werden. Ich erinnere mich an das Telefonat aus Wien, das in mir große Emotionen auslöste: In diesem traditionsreichen Haus wirken zu können, das mit einem unglaublichen künstlerischen Potenzial ausgestattet ist und geradezu zur Kreativität einlädt wie kein anderes – noch dazu als Österreicher! Ich erbat mir etwas Bedenkzeit, da ich Dominique Meyer nur vom Namen und von Erzählungen her kannte. Mein erstes Telefonat mit ihm verlief nach meiner Einschätzung sehr vielversprechend. So sagte ich zu und dachte mir, dass ich meine großartigen Erfahrungen, die ich in Zürich gesammelt hatte, hier auf der obersten Stufe der Opernwelt mit Ideen und Visionen einbringen könnte.

Dominique Meyer wurde vom Ministerium beauftragt, einen Vertrag mit mir auszuhandeln. In einem langwierigen Prozess, der sich über einige Monate hinzog, versuchten wir, die jeweiligen Rollen so genau wie möglich zu definieren, um Reibungen und Unklarheiten in der vor uns liegenden Zeit zu vermeiden. Ich bin nach wie vor der Meinung, auch wenn Verträge bekanntlich geduldig sind, dass man alle Probleme, die auftauchen, in einer Partnerschaft ausdiskutieren kann. „Der Generalmusikdirektor wird in die für ihn relevanten Entscheidungsprozesse rechtzeitig einbezogen", hieß es zum Beispiel in meinem Vertrag, „und erhält rechtzeitig die für ihn erforderlichen Informationen." Außerdem fügten wir einen Passus mit dem expliziten Hinweis hinzu, dass Entscheidungen über Sänger, künstlerisches Personal, Repertoire und Regisseure einvernehmlich zwischen dem Intendanten und dem GMD getroffen werden sollten.

Es ist wohl unmöglich, spätere Meinungsverschiedenheiten vertraglich im Vorfeld auszuschließen. Mit Alexander Pereira hatte ich nie in meinem Vertrag nachgeblättert, wir waren zwar nicht immer einer Meinung, aber wir haben Lösungen gefunden und sind zusammen weitermarschiert.

2007, als wir bestellt wurden, schien noch die Sonne. Dominique Meyer sprach bei der Vorstellungspressekonferenz davon, dass wir so kurz nach unserer Ernennung nachvollziehbar noch keine konkreten Pläne präsentieren könnten, aber dies auch für uns noch die Zeit für Träume sei. Ich hatte deren viele: Ich wollte Leoš Janáček und andere wichtige Opern des 20. Jahrhunderts im Repertoire verankern, ich wollte einmal in einer Saison alle Opern von Richard Strauss aufführen lassen und dramaturgische Schwerpunkte setzen, die der großen Tradition des Hauses entsprachen, ich wollte bedeutende Kollegen am Pult der Staatsoper sehen … In Zürich hatte ich gesehen, wie wichtig es ist, Ideen durch Strukturen zu flankieren und eine gemeinsame Strategie zu entwickeln. So sollte auch in Wien die künstlerische Marschrichtung für die nächsten Jahre festgelegt werden. Doch schon im zweiten Vorbereitungsjahr zeigte sich, dass es Auffassungsunterschiede in Fragen der Planung gab, die nicht zuletzt auch für das Engagement von erstklassigen Künstlern von Bedeutung ist. So schrieb ich an Meyer: „Ich verstehe, wenn du sagst, du willst keinen Fünfjahresplan vorlegen, aber ich meine doch, dass gewisse Grundzüge nachvollziehbar sein und festgelegt werden müssen. Ansonsten muss sich die Wiener Oper mit zu vielen zweit- und drittklassigen Künstlern zufriedengeben.“ Nach und nach stellte sich heraus, dass es sich bei unseren unterschiedlichen Ansätzen um grundsätzliche Fragen des Opernbetriebes und seiner Organisation handelte und auch um die Frage, wohin sich dieses einzigartige Haus bewegen und wo es sich international positionieren sollte.

Schon die erste Saison war geprägt von vielen, zu vielen Kompromissen meinerseits. Ich setzte mich zwar durch mit Paul Hindemiths *Cardillac* als erster Premiere unserer ersten Saison, die entgegen aller Unkenrufe ein großer Erfolg wurde. Doch Meyer überredete mich, *Don Giovanni* und dann *Le nozze di Figaro*, die ursprünglich Riccardo Muti hätte dirigieren sollen, zu übernehmen. Während er diese beiden Produktionen schön fand, war ich nahe dran, an ihnen zu verzweifeln. Dass ausgerechnet beim für Wien so wichtigen „Operngott“ Mozart die ersten Wolken aufzogen, stimmt mich heute noch traurig. Unsere ästhetischen, künstlerischen und konzeptionellen Ansprüche divergierten in beträchtlichem Maße. Eines ergab das andere und allen Versuchen von uns beiden zum Trotz, einen gemeinsamen künstlerischen und ästhetischen Weg zu finden, drifteten wir immer mehr auseinander.

Im Nachhinein ist man immer klüger und aus heutiger Sicht hätte ich vieles früher bemerken und die Konsequenzen ziehen müssen. Zuerst waren es Kleinigkeiten, wie etwa Engagements von Sängern, die getätigt wurden, wenn ich nicht in Wien war. Überhaupt sagte mir seine Art, die Sänger auszuwählen, nicht zu. Dominique Meyer war bei sehr vielen Vorsingen zugegen, auch von Sängern, bei denen es augenscheinlich war, dass sie die erforderlichen Qualitätskriterien nicht erfüllen würden. So bat ich ihn, nur jene vorsingen zu lassen, die von unserem zuständigen künstlerischen Team in einer Vorauswahl für geeignet befunden wurden. Gemeinsam sollten wir – schon aus Gründen der Effizienz – nur diese anhören. Ich glaube, für Meyer waren diese Vorsingen eine Art Erholung von all der Verwaltungsarbeit, die ein Direktor eines solchen Hauses zu leisten hat.

Beim ersten Mal versuchte ich noch die Probleme anzusprechen, was aber von Mal zu Mal schwieriger wurde. Leider blieben auch viele meiner Fragen, mündlich wie schriftlich, unbeantwortet. Es war ein zermürbender Prozess, der schließlich zu meinem Verzicht führte, da meine Träume, Ideen, Ziele und Visionen im Alltag zerrieben wurden.

Dennoch war die Zusammenarbeit mit dem wohl besten Opernorchester der Welt, dem wunderbaren Staatsopernchor und auch mit vielen Sängern aus dem Ensemble, die ich teilweise jahrelang begleiten durfte, äußerst befruchtend – eine Zusammenarbeit, die ich seit meinem Verzicht vermisse. Mir bereitete es großes Vergnügen, nicht nur Sänger zu entdecken, sondern ihnen auch bei ihrer Entwicklung über die Jahre mit meinem Rat beizustehen. Der legendäre Ioan Holender, bekannt für seine starke Persönlichkeit und seine unkonventionellen Meinungen, sagte 2006 anlässlich der

Suche nach einem Sänger für die Rolle des Alberich in Wagners *Ring*: „Wenn man keinen Sänger für eine Rolle hat, muss man einen erfinden!" Damals „erfanden" wir gemeinsam Tomasz Konieczny.

Mit Ioan Holender hatte ich seit Anfang der 2000er-Jahre vermehrt Kontakt. Er war es, der mich einlud, über Nacht im September 2003 für Christian Thielemann bei *Tristan und Isolde* ohne Probe einzuspringen, und es folgten die Premieren von *Arabella*, dem gesamten *Ring* und *Tannhäuser* in seiner Ära als Staatsoperndirektor. Ich habe dabei viel von ihm gelernt, vor allem, dass man Fantasie, Mut und die Fähigkeit zum Erkennen von Potenzial haben muss.

Die Wiener Staatsoper ist auch deshalb so einzigartig, weil es ein hohes künstlerisches Bewusstsein im Haus gibt. Für mich war nicht nur das Musizieren mit dem Staatsopernorchester eine große Freude, sondern auch die Bereitschaft des Orchesters, über gewerkschaftliche Schatten zu springen. Man muss wissen, dass der Betrieb an einem solchen Haus mit circa 300 Vorstellungen in den zehn Monaten, in denen gespielt wird, und circa 50 verschiedenen Opern, die pro Saison auf dem Spielplan stehen, äußerst komplex ist. Um die 148 Musiker und die nötigen Aushilfen zu organisieren, bedarf es bei jeder Instrumentengruppe im Orchester eines Verantwortlichen, der den Dienstplan erstellt und die Kollegen einteilt. Wir trafen uns – und das war eine große Neuerung in diesem Betrieb – einmal pro Saison, um die darauffolgende zu besprechen. Es galt dabei, die Einteilungen für die Proben und Aufführungen nach künstlerischen und nicht nur nach rein organisatorischen Gesichtspunkten vorzunehmen und somit mehr Effizienz in das Repertoiresystem einzubringen. In jeder Saison stehen abwechselnd selten gespielte oder neue Werke auf dem Spielplan, die eine intensive Probenarbeit mit möglichst gleichbleibender oder wenig wechselnder Orchesterbesetzung erfordern, und Werke, die zum großen Kanon des Opernrepertoires wie *Zauberflöte*, *Rosenkavalier* oder *Traviata* gehören und damit als Standardrepertoire weniger

Proben zur Premiere von Janáčeks *Kátja Kabanová* in der ersten Spielzeit 2010/11 von Franz Welser-Möst an der Wiener Staatsoper

Proben benötigen, ohne dass die Qualität der Aufführungen darunter leidet. Ich bin nach wie vor ein großer Verfechter des Repertoiresystems der Wiener Staatsoper, da es unter anderem die Flexibilität und die Eigenverantwortung jedes Musikers bewahrt und damit die unverwechselbare Persönlichkeit dieses Kollektivs.

Ein anderes Beispiel für das hohe künstlerische Bewusstsein und Gewissen dieses Orchesters war die vorletzte Probe zur Premiere von Janáčeks *Kátja Kabanová* am Ende meiner ersten Spielzeit. Die Probe lief schlecht, was auch daran lag, dass einige

Musiker davor nicht ausreichend Proben hatten und das wirklich schwere Werk ihnen nicht genügend bekannt war. Wir spielten das Stück einmal durch, was etwas mehr als 90 Minuten dauerte, und machten eine Pause. Ich schickte die Sänger nach Hause und probte dann noch zweieinhalb Stunden ohne weitere Unterbrechung ausschließlich mit dem Orchester. Das war gegen die Bestimmungen des Kollektivvertrags, aber jeder, absolut jeder machte ohne ein Wort zu sagen mit. Damit nicht genug: Nach dieser sehr anstrengenden Probe kam der damalige Betriebsrat Michael Bladerer zu mir und bat mich, auch im Anschluss an die letzte öffentliche Probe mit dem Orchester noch weiter zu arbeiten und zu feilen, was wir auch taten.

Ich glaube, dass der hohe Anspruch dieser Musiker von ihrer Doppelfunktion als Mitglieder im Orchester der Wiener Staatsoper und bei den Wiener Philharmonikern herrührt. Die Wiener Philharmoniker sind als privater Verein organisiert, der demokratisch geführt und selbstverwaltet ist. Dazu zählt die künstlerische Selbstbestimmtheit, eine lange Tradition, die sich auf die Mentalität, die Einstellung der einzelnen Musiker und auf ihr Selbstbewusstsein auswirkt. Dieses besondere Charakteristikum hat auch damit zu tun, dass sie außerhalb der Oper, also als Privatverein Wiener Philharmoniker, nie einen Chefdirigenten hatten. Seit 1933 bestimmten immer mehr als nur ein Dirigent das künstlerische Wirken des Klangkörpers. Ich durfte noch ihre intensive Zusammenarbeit mit Karl Böhm, Herbert von Karajan und Leonard Bernstein in der Epoche der 60er-, 70er- und 80er-Jahre erleben. Sie nahmen von jedem Dirigenten das an, was ihnen wertvoll erschien, waren aber gleichzeitig in der Lage, jedem dieser von Grund auf verschiedenen Maestri das zu geben, was sie verlangten. Die Symbiose Wiener Staatsopernorchester/Wiener Philharmoniker zeigt sich in der besonderen Qualität der Musiker im Orchestergraben dieses traditionsreichen Hauses und hat durch das Eingehen auf die besondere sangliche Artikulation der Sänger – davon bin ich fest überzeugt – einen gewaltigen Anteil am singenden, goldenen, weichen Klang der Philharmoniker und ihrer besonderen Flexibilität, Spontaneität und Reaktionsschnelligkeit.

Die Aufführungen im Graben der Wiener Staatsoper können dank dieses Orchesters zu kleinen musikalischen Wundern, manchmal sogar zu Sternstunden werden. Mir sind einige davon in Erinnerung, und manchmal ist das sogar an Abenden passiert, an denen eigentlich alles dagegensprach. Nur ein Beispiel: Am Abend nach dem Neujahrskonzert 2013 war *Ariadne auf Naxos* mit der wunderbaren Krassimira Stoyanova angesetzt. Das Orchester und auch ich waren redlich müde von den Anstrengungen der vorhergegangenen Tage. Dem ersten Teil der Vorstellung merkte man das auch an. Doch nach der Pause geschah eines dieser „Wiener Wunder", die man sich nicht erklären kann. Wir waren wie ausgewechselt und die Aufführung „hob ab", wie wir das nennen. Mir unvergesslich!

Diese Symbiose sah ich vor meinem Amtsantritt gefährdet. Ich erfuhr, dass das Wiener Staatsopernorchester im internationalen Vergleich 30 Prozent weniger verdiente als zum Beispiel das Orchester der Bayerischen Staatsoper in München. Und damit geriet es in Gefahr, seine Konkurrenzfähigkeit zu verlieren und Abwanderungen junger Musiker in Kauf zu nehmen. Ministerin Claudia Schmied hatte mir vor Weihnachten 2009 versprochen, dass diese Situation mithilfe einer wesentlichen Anhebung der Gehälter behoben würde. Es ging ja nicht darum, was diese Musiker in ihrer freien Zeit als Verein Wiener Philharmoniker dazu verdienten, sondern dass die Besoldung an der Staatsoper weit unter den vergleichbaren internationalen Verhältnissen lag.

Als ich im März 2010 wieder nach Wien kam, kurz vor der ersten Pressekonferenz der designierten neuen Staatsoperndirektion, war noch nichts geschehen. Ich ließ alle Beteiligten wissen, sollte nicht eine Lösung gefunden werden, würde ich auf dieser Pressekonferenz meinen Rücktritt erklären. Es wurde intensiv verhandelt, und kurz vor Mitternacht am Abend davor rief mich der damalige Vorstand der Wiener Philharmoniker Clemens Hellsberg erfreut an, dass eine Einigung gefunden worden war.

Die Beziehung zwischen den Wiener Philharmonikern und mir war anfangs keine Liebe auf den ersten Blick. Mein Debüt 1999 bei der Salzburger Mozartwoche, unter anderem mit Mozarts *Klavierkonzert KV 503* mit Murray Perahia sowie der *Symphonie Nr. 34 KV 338,* war alles andere als gelungen. Trotzdem luden sie mich wieder ein, und viele der Musiker sehen meinen Einspringer 2003 mit *Tristan und Isolde* als den Moment, in dem das Eis zwischen uns gebrochen ist. Trotz der vielen Opernabende, Konzerte, Tourneen sowie der beiden Neujahrskonzerte, zu denen sie mich eingeladen hatten – darüber später noch ein paar Worte –, war es für mich der *Rosenkavalier* in Salzburg im Sommer 2014, bei dem ich mich diesem wunderbaren Klangkörper sehr nahe gefühlt habe. Ich war musikalisch bei ihnen angekommen.

Überhaupt war dieses Jahr für mich ein sehr intensives: Im März starb meine Mutter, im Frühsommer unterzeichnete ich eine Vertragsverlängerung für weitere fünf Jahre in Cleveland, im Sommer erlebte ich dann dieses Musizieren in Salzburg mit der Lieblingsoper meiner Mutter, dem *Rosenkavalier,* Anfang September erfolgte mein Amtsverzicht an der Staatsoper und im November starb mein Vater.

In diesem musikalisch so erfüllenden Sommer 2014 haben sich die dunklen Wolken über der Wiener Staatsoper immer mehr zusammengebraut. Mein Gefühl täuschte mich nicht, dass die Beziehung zu Dominique Meyer immer stärker belastet war. Bis zuletzt war ich um ein klärendes Treffen bemüht. Ich hatte Meyer jedes Jahr seit unserer Bestellung 2007 zu uns an den Attersee eingeladen, aber er folgte dieser Einladung nie, obwohl er jeden Sommer einige Tage im nahen Salzburg verbrachte. So trafen wir uns am 15. August in besagter Stadt zu einem, wie sich ein paar Wochen später herausstellte, vorletzten Versuch, das Ruder noch einmal herumzureißen. Sehr höflich und sehr nett, aber in der Sache immer weiter voneinander entfernt.

Wie viel hatte ich an der Wiener Oper bewegen wollen, wie oft hatte ich in den Monaten davor Gespräche mit Verantwortlichen im Kulturbereich geführt: In der Nacht vor dem 5. September 2014 musste ich letztendlich feststellen, dass ich mich nicht mehr in meinen künstlerischen Überzeugungen verbiegen lassen konnte. Der Verzicht schien mir die einzige Möglichkeit, wieder zu mir selbst zu finden.

Orchester als Spiegel der Welt

Ich habe sehr viel über die Institution Orchester nachgedacht, bevor ich das Cleveland Orchestra im Jahre 2002 übernommen habe. Kaum ein anderes Kollektiv kann so unterschiedlich und vielfältig organisiert und strukturiert sein wie ein Orchester. In den USA habe ich ein damals für mich vollkommen neues Modell kennengelernt: ein Orchester, das zum großen Teil von der Unterstützung begeisterter Bürger und Unternehmen lebt und vom sogenannten Board bestimmt wird, in dem ebenfalls ausschließlich Privatpersonen sitzen.

Nach dem 11. September 2001, den Anschlägen auf die Twin Towers in New York, hatten die USA seelische Blessuren, und auch die Wirtschaft reagierte nervös. In Cleveland war der wirtschaftliche Aderlass zu spüren, große Firmen zogen weg. Als die große Finanzkrise 2008/09 wie ein Erdbeben die Welt durchrüttelte, hatte unsere Institution ein dickes Minus im Budget zu verzeichnen. 20 Prozent unserer Einnahmen waren weggebrochen. Nachdem mir der damalige Intendant Gary Hanson den Ernst der Lage geschildert hatte – es fühlte sich existenzbedrohend an –, musste ich ein Zeichen setzen und verzichtete auf 20 Prozent meines Einkommens, bis sich die Institution stabilisieren würde. Viele Mitarbeiter zogen nach. Wir mussten auch in künstlerischer Hinsicht Pläne ändern und sparen, ohne jedoch unsere Identität preiszugeben. Kostspielige

Programme wurden durch finanziell leichter umsetzbare ersetzt, und jene, die sich unserer Meinung nach schwer verkaufen ließen, durch populärere. Ferner wurden mehrere Stellen im Management sowie eine freie Position im Orchester nicht nachbesetzt. Wir mussten den Gürtel für ein bis zwei Jahre enger schnallen und unternehmerische Verantwortung zeigen. Es ist bewegend zu beobachten, wie in solch einer Krise alle enger zusammenrücken, um das gemeinsame Überleben zu sichern. Die Krisen in den Jahren 2001 und 2008/09 haben mich gelehrt, dass in solchen Zeiten die hauseigene Prioritätenliste, die künstlerischen Überzeugungen und das institutionelle Selbstverständnis einem Test unterzogen werden. Wenn ich auf Cleveland blicke, bin ich optimistisch gestimmt: Eine Stadt, die eine solch enge Beziehung zu seinem wunderbaren Orchester hat, weiß, was das Orchester für sie bedeutet. Und auch das Orchester ist sich dessen bewusst, was es an der Stadt hat. Es herrscht das Vertrauen, dass wir füreinander da sind.

Jedes Orchester funktioniert anders und ist ein sehr individuelles Gebilde. Es gibt selbstverwaltete und hierarchisch strukturierte Ensembles, Klangkörper, die staatlich oder von Rundfunkgebühren finanziert werden, Opernorchester oder Jugendorchester. Jedes Orchester hat unterschiedliche Ansprüche, Rituale, Arbeitsabläufe und Befindlichkeiten.

Meine ersten Erfahrungen als Dirigent habe ich beim Jeunesse-Orchester in Linz gesammelt, einem Ensemble, das weitgehend aus jungen Musikern bestand. Wir hatten große Freude am gemeinsamen Musizieren und am Erarbeiten von herausforderndem Repertoire, wie etwa die 5. *Symphonie* von Anton Bruckner. Die meisten von uns waren Studenten oder hatten das Studium gerade beendet, wir hatten noch keine Familien und verstanden das Musizieren als ernsthaftes Hobby. Arbeitszeiten spielten für uns damals keine Rolle. Oft probten wir bis zu zwölf Stunden am Tag, und selbst nach so langen Tagen saßen wir häufig noch zusammen und tauschten uns über das gemeinsam Erarbeitete und Erlebte aus.

Proben im Stift St. Florian mit dem The Cleveland Orchestra Youth Orchestra im Rahmen der Europatournee im Sommer 2019

Bei meinen nächsten Stationen im Stadtorchester Winterthur und in Lausanne ging es anders zu, ebenso im schwedischen Norrköping. Hier hatte das Orchester 13 Jahre lang keinen Chef gehabt, dafür aber eine starke Gewerkschaft. Für mich war das vollkommenes Neuland. Plötzlich musste ich mich an durch Kollektivverträge vorgegebene Probenzeiten halten. Durch eine geheime Absprache mit der Gewerkschaft konnte ich jedoch auch am ersten Tag jeder Probenwoche zwölf Stunden mit den Musikern arbeiten, indem wir die Proben in jeweils drei Stunden für tiefe und hohe Streicher, Holz- und Blechbläser aufgeteilt haben. Ich habe gelernt, dass es sinnvoll ist, wenn ein Orchester sich vor ausufernder Arbeit schützt, habe aber auch gemerkt, dass die eigene Leidenschaft viele Türen öffnen kann. Eine der schönsten gemeinsamen Arbeiten in Norrköping war die Probenzeit zu Richard Wagners *Tristan und Isolde* für zwei konzertante Aufführungen. Wir hatten sechs Wochen Proben, und am Ende wusste jeder Musiker, worum es sowohl in seiner Stimme als auch im Rest der Partitur ging. Erst kürzlich habe ich zufällig eine Aufnahme dieser Aufführung gehört und war von der selbstverständlichen Lebendigkeit des Abends und dem technischen Niveau der Aufführung positiv überrascht.

Über meine Zeit in London habe ich bereits berichtet. Was ich dort über Orchesterstrukturen gelernt habe, war ein vollkommen anderes Selbstverständnis. Anders als in Österreich oder Deutschland basiert die Orchesterlandschaft in Großbritannien nicht auf einer philharmonischen Tradition, sondern auf einer eher individualistischen und privat betriebenen Musikkultur. Allein der Dirigent Sir Thomas Beecham hat mit dem New Symphony Orchestra, dem London Philharmonic Orchestra und dem Royal Philharmonic Orchestra drei Klangkörper gegründet, von denen zwei noch heute die Orchesterkultur des Landes prägen. Vieles von diesem System erinnert mich an die kapitalistischen Superlative der Barockzeit eines Georg Friedrich Händel, als es darum ging, mit möglichst hohen Gagen möglichst spektakuläre Künstler zu verpflichten, um das sensationslustige Publikum zu befriedigen. Wenn man so will, war das System der barocken Opern-Champions-League mit seinen Star-Kastraten und Mode-Virtuosen gleichsam eine Spielart des Söldnertums, das wir heute noch im Sport, besonders im Fußball, kennen: Millionäre leisten sich einen Verein und versuchen mit viel Geld die besten und teuersten Spieler der Welt zu verpflichten. Unter diesen Bedingungen operiert ein Orchester weniger als Ensemble, das aus seinen traditionellen Wurzeln schöpft (so wie die Wiener oder Berliner Philharmoniker), sondern bleibt eine sich ständig neu erfindende Momentaufnahme, deren Möglichkeiten sich an jenen des Marktes orientieren müssen. Ähnliche Strukturen gibt es auch außerhalb Englands, etwa in der Schweiz, wo der wohlhabende Rechtswissenschaftler und leidenschaftliche Hobbydirigent Edmond de Stoutz das Zürcher Kammerorchester weitgehend zum Zwecke seiner Selbstverwirklichung gegründet hat.

Eines der schönsten Orchestermodelle neben den traditionellen philharmonischen Orchestern ist für mich das Modell der

Rundfunkorchester. Es verdeutlicht die Selbstverständlichkeit eines Klangkörpers im gesellschaftlichen Gefüge. Diese Tradition begann in den 1920er-Jahren in Deutschland als Begleiterscheinung des jungen Rundfunks – damals wurden unter anderem das Leipziger Sinfonie-Orchester (heute MDR-Sinfonieorchester) gegründet, das Berliner Funk-Orchester (heute Rundfunk-Sinfonieorchester Berlin) und das Frankfurter Rundfunk-Symphonie-Orchester (heute hr-Sinfonieorchester).

Am Anfang stand die Idee der musikalischen Grundversorgung aller Bürger, also das, was ich als Selbstverständlichkeit der Musik im Alltag der Menschen verstehe. Diese Orchester wurden auch gegründet, um möglichst viele Werke aufzunehmen, damit die Sender überhaupt ein Programm hatten. Die Radio-Orchester brachten Musik in die Wohnzimmer und waren im wahrsten Sinne des Wortes: Medien. Sie waren eine Möglichkeit, durch Musik Gemeinschaft zu stiften. Jedes Wohnzimmer konnte zum Konzerthaus werden.

Auch heute werden diese Orchester noch durch die Rundfunkbeiträge finanziert und unterliegen damit dem staatlichen Kulturauftrag. Der sieht vor, dass auch Werke jenseits von Beethoven oder Brahms gespielt werden. Und so ist es kein Zufall, dass besonders die Rundfunk-Orchester neuem Repertoire gegenüber aufgeschlossen sind. Sie haben Formen wie die Rundfunk-Oper vorangetrieben, spielen auf Festivals für Neue Musik wie in Donaueschingen oder pflegen – so wie das Radio-Symphonieorchester des ORF – Komponisten wie Bohuslav Martinů oder Hans Werner Henze und erreichen damit ein ganz eigenes Publikum.

Umso tragischer ist es zu sehen, dass diese Orchester derzeit in Frage gestellt, aufgelöst oder fusioniert werden. Allein in Deutschland waren unter anderem das RIAS-Symphonie-Orchester, die Sinfonieorchester des Süddeutschen Rundfunks und des Südwestfunks, das Rundfunk-Sinfonieorchester Leipzig oder das Orchester des Hessischen Rundfunks betroffen. Ganz zu schweigen von anderen Ländern, in denen die staatliche Kultur noch viel mehr auf dem Prüfstand steht:

In der Regierungszeit von Silvio Berlusconi wurden in Italien rund 30 Prozent der Kultureinrichtungen geschlossen – und von den vier Orchestern der RAI blieb nur mehr eines übrig.

Am Beispiel der Rundfunkorchester ist am besten abzulesen, dass die Existenz eines kollektiv finanzierten Klangkörpers schon lange kein gesellschaftliches Selbstverständnis mehr ist. Das liegt zum einen an der neuen Rolle der Medien, besonders an Alternativen durch Internet und Streaming-Dienste. Aber man muss auch die Frage stellen, warum den Sendern so wenig einfällt, um ihre Radio-Orchester in der Öffentlichkeit zu positionieren – an Sendemöglichkeiten fehlt es schließlich nicht. Ist es nicht erstaunlich, dass Übertragungen oder Streams der Konzerte von Radio-Orchestern, die einst ganz selbstverständlich das Musikprogramm der Radiosender ausgemacht haben, heute eher die Ausnahme sind? Dass Rundfunkorchester in regionalen Fernsehsendern kaum noch eine Rolle spielen? Ich verstehe nicht, warum sich die Anstalten teure Ensembles leisten, ohne sie medial zu präsentieren – und nicht, wie eigentlich vorgesehen, einen Großteil des eigenen Programms mit ihnen bestreiten. Grundsätzlich ist die Idee der Grundversorgung mit Musik doch sehr vernünftig und lobenswert. Sie hätte, da bin ich sicher, auch und gerade in digitalen Zeiten durchaus eine Chance.

Es hilft wenig, auf traditionelle Rollen und Rechte zu pochen. Vielmehr müssen sich Orchester die regelmäßige Frage nach ihrer Relevanz gefallen lassen. Und an dieser Stelle schließt sich der Kreis wieder zum Orchester in Cleveland und zu einem Land wie den USA. Hier ist es selbstverständlich, dass ein Musikdirektor sich über die Sinnhaftigkeit seines Ensembles Gedanken macht, dass er seine Aufgabe nicht als von „Gott (oder vom Staat) gegeben" versteht, sondern dass er diese gegenüber der Gesellschaft immer wieder legitimieren muss. Das kann ein sehr anstrengender Prozess sein, in dem man es sich einfach macht und auf die Befriedigung des Mainstreams setzt, aber es kann auch ein sehr erhellender Prozess sein, wenn es darum geht, Menschen für den eigenen, vielleicht auch anspruchsvollen Weg zu begeistern.

Um den prachtvollen Saal der Severance Hall in Cleveland über eine ganze Saison zu füllen, bedarf es großer künstlerischer und kreativer Anstrengung

Als ich das Angebot bekam, das Cleveland Orchestra zu übernehmen, war es für mich wichtig, mich diesen Fragen im Vorfeld zu stellen. In diesem Sinn beschäftigte ich mich zunächst mit der Geschichte des Orchesters. Besonders gefiel mir die Erzählung von der Entstehung der Severance Hall: Der Öl-Magnat John Long Severance und seine Frau Elisabeth spendeten im Dezember 1928 eine Million Dollar für einen neuen Konzertsaal. Als Elisabeth plötzlich und unerwartet einen Monat später starb, wurde diese Halle zu einer Art Taj Mahal der Musik. Die Innendekoration des Saales wurde dem Brautkleid von Elisabeth Severance nachempfunden. Die erste Musik, die in diesem akustisch wie optisch einzigartigen Saal am 4. Februar 1930 bei einer Probe erklang, war das Vorspiel und der Liebestod aus Richard Wagners *Tristan und Isolde*. Diese Stücke wurden auf Wunsch von John Long Severance zum Andenken seiner Frau gespielt. Mich berührt diese Geschichte jedes Mal zutiefst, wenn ich sie erzähle.

Der Konzertsaal fasst an die 2.000 Plätze, und es bedarf großer kreativer Anstrengungen unseres Teams für künstlerische Planung, Marketing und PR, diese Plätze über eine ganze Saison hin zu füllen und dabei in der Programmgestaltung anspruchsvoll zu bleiben.

Bei meinen Überlegungen zum Selbstverständnis und der Rolle des Orchesters half mir ein weiterer Blick in die Geschichte. Das Cleveland Orchestra wurde 1918 von Adella Prentiss Hughes gegründet, mit der Idee, die Stadt durch musikalische Bildung zu bereichern. Manchmal ist es so einfach und logisch, bei den eigenen Wurzeln anzusetzen, um Visionen für die Zukunft zu entwickeln. Über die Education-Arbeit in Cleveland habe ich bereits geschrieben und auch darüber, dass die Entwicklung der Qualität des Orchesters mindestens ein ebenso wichtiges Anliegen ist.

In Cleveland kursiert die schöne Geschichte von Nikolai Sokoloff, dem ersten Musikdirektor des Orchesters. Sokoloff wurde in Kiew geboren, hatte in Yale studiert, das San Francisco People's Philharmonic Orchestra geleitet, als Geiger beim Boston Symphony Orchestra gespielt und war Konzertmeister des Russian Symphony Orchestra gewesen, das seinen Sitz in New York hatte. Sein dirigentischer Dreisatz in Cleveland war ziemlich simpel: „Seid pünktlich. Liebt eure Arbeit. Und schaut auf mich." Was den Orchesterklang betrifft, war aber wohl der vierte Generalmusikdirektor in Cleveland, George Szell, besonders prägend. Er übernahm das Orchester 1946 und leitete es bis zu seinem Tod 1970. Dirigenten wie er und seine Kollegen Fritz Reiner in Chicago oder Eugene Ormandy und sein Vorgänger Leopold Stokowski in

Philadelphia haben einen großen Anteil daran, dass das amerikanische Klangideal heute für Präzision im Zusammenspiel steht. Stokowski war bereits 1912 Musikdirektor in Philadelphia und wurde auch durch seine spätere Zusammenarbeit mit Walt Disney im Zeichentrickfilm *Fantasia* zur Legende. Der amerikanische Klang stammt hauptsächlich von Dirigenten, die ihre Anfänge in Europa hatten, dann aber durch die politischen Umstände emigrieren mussten und in die USA kamen. Die angestrebte Perfektion der amerikanischen Orchester scheint für mich auch eine Art Kompensation für die verlorene europäische Tradition zu sein. Sicher ist, dass Szell, der die Verbindung von amerikanischer Präzision und europäischer Musiziertradition als sein höchstes Ziel definierte, nach 24 Jahren Leitung des Cleveland Orchesters für seine Nachfolger eine Art Übervater gewesen sein muss. Mir war auch sein großes Erbe bewusst, als ich mich entschied, in die USA zu gehen. Aber 32 Jahre nach George Szells Tod war auch klar, dass es möglich sein musste, neu zu denken. Ich erinnere mich an einen sehr schönen Satz des damaligen Intendanten Tom Morris, der mich schließlich überzeugte. Er sagte: „Sie haben in Cleveland die große Chance, nicht Nachfolger von George Szell zu sein." Damit meinte Morris, dass auch das Orchester inzwischen für neue Visionen bereit war und sich von den Schatten der Vergangenheit lösen wollte. Das gefiel mir. Ich hoffe, dass mein Nachfolger seinen eigenen Weg suchen wird und das von mir hinterlassene Erbe nicht nur verwaltet. Schließlich ist Musik immer auch Ausdruck des Moments und einer Zeit. Sie muss von Generation zu Generation weitergeschrieben werden.

Dieses Weiterschreiben bedeutete für mich, die vorgefundene und von meinen Vorgängern gepflegte technische Brillanz, Präzision und Transparenz zu bewahren. Aber ich sah auch die Notwendigkeit eines Kulturwandels: weg von den autoritären Methoden der 1960er-Jahre hin zu größerem individuellen Verantwortungsbewusstsein des einzelnen Musikers und größerem gegenseitigen Respekt – im Umgang untereinander sowie auch dem Chef gegenüber. Es gibt in Cleveland den alten Musikerwitz über George Szell, dass sogar die

II. DIE ORTE DER MUSIK

Säulen strammstanden, wenn er in die Halle kam. Diese Art von Kultur wollte ich durch eine menschliche ersetzen. Auch aus der Überzeugung heraus, dass wir im 21. Jahrhundert für die Gesellschaft nicht relevant sein können, wenn wir uns im eigenen Haus Umgangsformen bedienen, die aus einer vergangenen Zeit stammen. Anstelle einer Armee von uniformierten Befehlsempfängern wollte ich ein Kollektiv von sensiblen, musikalisch intelligenten Individualisten, die aufeinander hören und sich in ein Werk vertiefen im Sinne des obersten Grundsatzes, der jedem Musikmachen zugrunde liegt: Geben und Nehmen.

Ein solcher Kulturwandel geht langsam vor sich, vergleichbar mit der Arbeit eines Gärtners, der den Pflanzen Zeit und Pflege zum Wachsen angedeihen lassen muss. Mein Ziel war, neben der Bewahrung all der großartigen Qualitäten, die ich vorfand, dass die Musiker beim Spielen flexibler reagieren und eigenverantwortlicher agieren und dadurch einen wärmeren und auch farbenreicheren Klang erarbeiten. Das erreicht man unter anderem mit gezielt eingesetztem Repertoire. Für die Klarheit und Sauberkeit des Zusammenspiels eignet sich das klassische Repertoire wie Haydn, Mozart und Schubert. Für die Flexibilität ist das Genre Oper von besonderem Wert. Es fördert auch die Wärme des Klanges und den damit verbundenen Atem. So spielten wir in meiner ersten Saison bereits *Don Carlo*. Seither ist Oper ein jährlicher Fixpunkt des Programms. Für den Reichtum der Klangfarben bietet sich hervorragend das französische Repertoire an, da Farbabmischungen in den Klängen ein wesentlicher, oft dominierender Baustein in dieser Musik sind.

Das größte Lob, das mir in den letzten 18 Jahren in Cleveland gemacht wurde, stammt von einem unserer Konzertmeister, der einmal sagte: „Franz, inzwischen schreibt niemand mehr, dass wir einen ‚kalten Klang‘ haben. Stattdessen schreiben alle über die ‚Schönheit der Streicher‘." Tatsächlich glaube ich, dass das Cleveland Orchestra in diesen Jahren zwar seinen Charakter behalten, seinen Klang aber neu definiert hat.

Die Charakteristik eines Orchesters und der Wandel seines Klanges sind auch deshalb so faszinierend, weil jedes Orchester ein akustischer Spiegel seiner Zeit und seiner Heimat ist. Unsere Zeit ist von der Globalisierung geprägt: Die Wege werden kürzer, der internationale Austausch ist allgegenwärtig – die Welt schrumpft. All das hat Einfluss auf die Klangkultur, gerade bei nicht ganz so prominenten oder traditionellen Orchestern. Wir sind es gewohnt, dass regionale oder nationale Einflüsse den Orchesterklang prägen. Die russisch-jüdische Geigenschule ist so ein Phänomen – sie hat immensen Einfluss auf den europäischen Klang. Ich finde es eine großartige Möglichkeit unserer Zeit, dass die Wege der Welt kürzer und schneller werden, und ich glaube auch nicht, dass sich die spezifischen Klänge eines Orchesters dadurch verändern müssen. Am Ende entscheiden die Musiker und Dirigenten autonom über den Klang. Für mich sind die Möglichkeiten des Austausches eine große Chance, die allerdings auch voraussetzt, genau zu wissen, welche Sprache wir mit unseren Orchestern sprechen wollen.

Denn letztlich sind tradierte Klangideale nichts anderes als musikalische Sprachen und Dialekte, die man erlernen kann. Es ist falsch zu behaupten, dass ein Musiker aus Tokyo nicht wie einer in München spielen kann. Die Horngruppe in Cleveland klingt vollkommen anders als jene in Chicago, obwohl in beiden Städten auf den Instrumenten des gleichen Herstellers gespielt werden. Und es tut dem typischen Wiener Klang der Wiener Philharmoniker keinen Abbruch, wenn das Orchester einen Konzertmeister aus Leipzig hat. Zugegeben: Die Frage nach regionalen oder nationalen Klangkulturen und ihrer Pflege ist kein Selbstläufer mehr. In einer globalisierten Welt wachsen die Möglichkeiten und das bedeutet: Wir haben die individuelle Wahl und die Verantwortung, selbst eine Entscheidung zu treffen, wie ein Orchester klingen soll.

Die vergangenen 18 Jahre in Cleveland waren 18 intensive Jahre mit der Institution Orchester. Eine Zeit, die nicht nur das Ensemble, sondern auch den Dirigenten prägt. Ich habe in den USA viel gelernt,

Orchester als Spiegel der Zeit: Den Auftakt der 100. Saison
des Cleveland Orchestra 2017 setzte die Oper *The Cunning
Little Vixen* mit einem animierten Bühnenbild

vor allem, dass es wichtig ist, die Relevanz und das Selbstverständnis
einer Institution wie die eines Orchester immer wieder zu thematisie-
ren. Das Cleveland Orchestra steht heute trotz Krisen gut da und hat
eine große Akzeptanz, sowohl in der Stadt als auch in Ohio, in den
USA und auf unseren Gastspielen in der Welt. Orchester sind Spiegel
unserer Zeit und müssen auf unsere Zeiten reagieren – sie speichern
(Klang-)Erfahrungen und müssen sich jeden Abend neu definieren.
In Cleveland habe ich gelernt, dass ein Dirigent gut beraten ist, wenn
er sich nicht allein um das Dirigieren kümmert, sondern auch um die
Rolle eines Orchesters innerhalb der Gesellschaft. Unser Angebot an
diese ist, durch die Emotionen, die Musik in uns entstehen lässt, über
unser Sein zu reflektieren und vielleicht auch einen inneren Kompass
zu entdecken.

Zweite Wanderung

Natur der Stille

Einer der schönsten Momente jenseits der Musik ist für mich das Werden eines neuen Tages. Ich bin ein Frühaufsteher, wache oft schon gegen 5 Uhr auf, ziehe Wanderschuhe und warme Kleidung an und verlasse das Haus. Dann wandere ich durch den Rest der Dunkelheit, durch die Stille. Eine Stille, die anders ist als in der Musik, anders als beim Yoga, denn in Wahrheit spaziere ich am frühen Morgen bereits durch eine vielfältige Geräuschkulisse: der Wind, der durch die Blätter rauscht, die Tiere, die in der ersten Morgendämmerung durch den Wald huschen, meine Schuhe, unter deren Sohlen die Äste brechen oder die einen Stein zur Seite springen lassen. Der Naturklang nimmt schlagartig zu, wenn sich am Himmel die Streifen der Morgenröte abzeichnen, wenn das Schwarz zur Farbe und der Mond von der aufgehenden Sonne verdrängt wird. Wenn die Vögel erwachen und der Himmel seine Endlosigkeit offenbart – wenn ein neuer Tag entsteht. Das ist auch Musik für mich.

Ich bin nicht jemand, der Bäume umarmt, ich pflege auch keinen außerordentlichen Naturkult, aber ich suche diesen Moment des werdenden Tages bewusst. Denn hier erlebe ich tatsächlich immer wieder einen Dialog mit der Natur und meinem Sein. Nirgends wird mir das großartige Ganze unserer Welt so bewusst wie in den Augenblicken, wenn ich durch den Wald gehe oder auf einem Berggipfel stehe und das Erwachen der Welt miterleben darf – als klitzekleiner Mensch im Gefüge des Großen und Ganzen. Die Kleinheit, die man in diesen Augenblicken erfährt, das Bewusstsein, lediglich winziger Teil von allem zu sein – das ist für mich ein sehr beruhigender Gedanke. So wie kurz vor unserem Unfall, als die

Reifen bereits den Griff auf dem Asphalt verloren hatten und wir unaufhaltsam von der Straße abkamen.

Der Blick nach draußen auf die werdende Welt ist aber nur ein Blick. Gerade in der Natur richten wir das Ohr auch nach innen: auf den eigenen Herzschlag, die eigenen Schritte, die eigenen Bewegungen. Es gibt in der Musik zahlreiche Versuche, die Natur als „Gemälde in Noten" abzubilden, in Vivaldis *Vier Jahreszeiten* zum Beispiel oder in Richard Strauss' *Alpensymphonie*. Es sind großartige Effekte, die Kuhglocken auf der Alm zu hören, den rauschenden Wasserfall, den Sturm, den Regen, den heißen Sommertag oder das krachende Gewitter. Was die Musik aber in Wahrheit ausdrückt, ist nicht das Konkrete, sondern lediglich unsere Wahrnehmung der Natur – unsere Überwältigung, unsere Freude, unsere Angst und unsere Zufriedenheit. Natur-Musik ist immer auch Kunst-Musik, die uns mehr über das Phänomen der Innerlichkeit erzählt als über die Äußerlichkeiten der Natur selbst.

Tatsächlich ist das, worum es bei den Wanderungen ebenfalls geht, die innere Ruhe. Als ich in der Londoner Krisen-Zeit gegen den Wind am Strand von Bournemouth wanderte, gelang es mir, eine Art Freiheit von mir selbst zu erreichen und Gedanken loszulassen. In diesem Moment passierte etwas Wunderbares: Man denkt nicht mehr aktiv in alten Mustern, sondern kann sein eigenes Gehirn dabei beobachten, wie es beginnt, selbst zu denken. Wie große Fragen sich plötzlich von selbst ordnen, wie allmählich eine innere Ruhe einkehrt – und am Ende zu einem Entschluss führt. Oft scheint übrigens der Gang diesen Denkprozess abzubilden: Man stampft nicht mehr, man marschiert nicht mehr, sondern man „schwingt" durch die Welt. So war es bei mir am Strand von Bournemouth, und so ist es auch, wenn ich gemeinsam mit meiner Frau etwa am Attersee spazieren und wandern gehe oder mit einem Freund in die Berge gehe. Auch dann finde ich diese innere Ruhe. Wir müssen uns dabei nicht unbedingt unterhalten, es ist das gemeinsame Wandern, das uns in diesem Moment verbindet, als Einheit in der Natur. Ein Zustand, der übrigens auch beim Musizieren eintritt. Auch hier funktioniert die Kommunikation ohne Worte, da wir alle über den Klang miteinander verbunden sind. Es ist die Stille der Worte, die den Zauber des Hörens beflügelt.

∞

III.

MÄRKTE DER MUSIK

Vom Konsum des Klanges

Lob der Langeweile

Von mir gibt es keine Bilder aus einem Fitnessstudio bei Instagram, keine Facebook-Posts aus meinem privaten Umfeld und keine Tweets in Badehose. Auch auf dem Podium ist es eher unwahrscheinlich, dass mich Publikum oder Kritiker beim Ausdruckstanz erleben. In der Regel geht es mir eher um die große Effektivität der kleinen Geste als um die kurze Sekunde der großen Aufmerksamkeit.

Leider unterscheidet sich der Betrieb der klassischen Musik nicht wirklich von anderen Bereichen unseres Lebens. Auch in der Politik haben wir es inzwischen mit einer rasanten Bedeutungssteigerung der Aufmerksamkeitsökonomie zu tun, ein Begriff, den der Philosoph und Stadtplaner Georg Franck prägte und der sich seither verselbstständigt hat. „Die Aufmerksamkeit anderer Menschen ist die unwiderstehlichste aller Drogen", schrieb Franck, „ihr Bezug sticht jedes andere Einkommen aus. Darum steht der Ruhm über der Macht, darum verblasst der Reichtum neben der Prominenz." Die Spirale der Aufmerksamkeit fordert inzwischen eine immer schnellere Taktung von neuen Provokationen, von Eklats und gewagten modischen Grenzgängen.

Wir sprechen oft davon, dass die Kultur ein Spiegel unserer Zeit sei – und sind doch erschrocken, wenn das wirklich stimmen sollte. Tatsächlich sind Kultur und Musik gute Seismografen, an denen sich die Phänomene – etwa des Populismus und der damit verbundenen Tendenz zur Verflachung – widerspiegeln. Ähnlich wie die stets neuen Manöver populistischer Politiker, tendieren jene modischen Randerscheinungen der Klassik ebenfalls in eine Richtung: Wir sollen vor lauter Aufregung nicht mehr zum Nachdenken kommen. In der modernen Erregungsgesellschaft darf keine Langeweile aufkommen, denn die könnte dafür sorgen, dass wir die leichte Kost einer Kunst, die als schriller und provozierender Event in Szene gesetzt wird, zu hinterfragen beginnen. Gerade deshalb finde ich, dass es an der Zeit ist, ein leidenschaftliches Loblied der Langeweile anzustimmen:

Muße statt oberflächlicher Geschäftigkeit,
Kontemplation statt Krach,
Besinnung statt Zerstreuung.

Mögen die anderen weiter schreien, bunte Bilder in die Welt schicken und sich überlegen, wie man sonst noch auffallen könnte – ich gebe mich lieber der Muße hin, lese ein Buch, lasse meine Gedanken schweifen und schöpfe daraus neue Kreativität. Ich entdecke dadurch immer wieder neue Zusammenhänge und große Bögen, die mich in meiner täglichen musikalischen Arbeit weiterführen.

Wenn ich dann wieder vor einem Orchester stehe, versuche ich diese Erkenntnisse in meine Probenarbeit einfließen zu lassen. Eine der Empfehlungen, die ich bei Proben gerne gebe, lautet so: „Bitte drücken Sie den Zuhörern die Musik nicht ‚aufs Auge‘, sondern holen Sie die Menschen zu sich. Zwingen Sie das Publikum, Ihnen zuzuhören." Denn sollte es nicht darum gehen? Einander wieder für das Detail zu sensibilisieren, für die Schönheit und die Tiefe der Stille und die großen Zusammenhänge? Übertüncht der pure Effekt nicht nur viel zu oft die Nuancen, sondern trübt er nicht auch den Blick auf das Ganze?

Egal, ob in der Musik oder in der Politik: Überschriften sind schnell gefunden, das Plakative blendet leicht und das Populistische erzeugt in leicht zu fassender Schwarz-Weiß-Malerei einfache Kategorisierungen. Wirklich spannend aber wird es, wenn es an die Umsetzung geht, das innere Wesen eines Meisterwerkes den Zuhörern nahezubringen. Die Annäherung an Kunst verlangt nach Differenziertheit, Subtilität und unbändiger Wissbegierde. Jede Epoche hat ihre eigenen Parameter, und jedes Kunstwerk steht auch auf dem Prüfstand der aktuellen Zeit. Dies bedeutet jedoch nicht, dass man sich ohne nachzudenken über das Kunstwerk stellen sollte. Schon Goethe wusste: „Eigentlich weiß man nur, wenn man wenig weiß. Mit dem Wissen wächst der Zweifel." Ich werde nie vergessen, wie in einer Probe für Mozarts *Die Entführung aus dem Serail* eine junge, sehr erfolgreiche Sängerin in einer Auseinandersetzung über ein Tempo mir selbstbewusst erklärt hat: „Mozart is dead and I am alive!" Mozart war ein einzigartiges Ausnahmegenie, wir kommen – so gut wir auch sein mögen – nie an seine Genialität heran. Im besten Fall sind wir goldene Handwerker. Und ein wahrhaftig suchender Künstler muss bisweilen auch an sich selbst zweifeln.

Die Energie einer Aufführung kann das Publikum begeistern, so wie uns auch andere Ereignisse wie etwa ein Skirennen mitreißen können. Dies lässt allerdings noch lange nicht darauf schließen, dass eine Aufführung die vom Meisterwerk geforderte Intensität besitzt. Sie kann elektrisierend sein und trotzdem am Kern – an der Botschaft des Kunstwerks – vorbeigehen oder nur an der Oberfläche kratzen. Es ist für mich Ausdruck einer populistischen Haltung, wenn bei der Interpretation auf den schnellen Reiz gesetzt wird und es lediglich um die Frage geht, wer noch extremer, überspitzter ein Werk spielen, wer noch mehr Effekte erzielen kann. Wenn sich die große Geste über die Nuancen legt, tut sie dies häufig unter dem Vorwand des Rausches, aber der ist am Ende selbst nur ein hohler Effekt und gaukelt den wesentlichen Zustand der Intimität vor. Wahre Intimität einer Aufführung bedeutet aber, dass zwischen dem Kunstwerk und dem Zuhörer eine große Nähe entsteht, und wir als Künstler sind die Vermittler. Es geht darum, dass musikalische Interpreten sich in den Dienst der Komponisten stellen, statt ihre Musik als Möglichkeit der Selbstdarstellung zu pervertieren. Ich bin nicht bereit, meinen Glauben daran aufzugeben, dass der Mensch eine angeborene Sehnsucht nach wahrhaftiger Tiefe hat. Ich bin der festen Überzeugung, dass die Ergriffenheit, die Musik in uns hervorrufen kann, nicht an ihrer Oberfläche zu finden ist. Das wirklich Große entwickelt sich aus der Intimität und aus der Demut dem Kunstwerk gegenüber.

All das könnten wir von der Klassik für das Leben lernen. Es scheint aber, dass die Ökonomie der Aufmerksamkeit und die mit ihr verbundene Schrillheit und Lautstärke die Welt der Musik erreicht haben, dass die Dezibelisierung der Gesellschaft längst in der Vermarktung künstlerischer Arbeit und in der Erwartungshaltung des Publikums angekommen ist.

Was sagt es über uns, über das Publikum, die Gesellschaft, über unser Kulturverständnis aus, wenn wir die Aufführung einer Totenmesse bejubeln, als ob wir ein Popkonzert gehört hätten? Kunst, die keine Geheimnisse mehr in sich birgt, ist keine Kunst mehr, sondern pervertiert zur belanglosen Unterhaltung. So manches Mal höre ich von Menschen, nachdem sie Mahlers *9. Symphonie* oder das Brahms-*Requiem* gehört haben, dass sie „begeistert" seien. Vielmehr würde ich mir wünschen, dass sie durch die Musik bewegt, berührt und existenziell erschüttert sind.

Die „Eventisierung" und schrille Vermarktung der Klassik und ihrer Konzerte irritieren und beunruhigen mich zunehmend. Immer wieder begegne ich dabei dem Vorwurf, dass der Klassikbetrieb nicht zum Museum verkommen sollte. Doch verkürzt dieser Vergleich nicht unser gesamtes kulturelles Schaffen? Sind Museen nicht ideale Orte für Meisterwerke von Tintoretto, Rembrandt, Monet oder Picasso, die wir in Ruhe still betrachten?

Sollen wir die Bilder, um sie „zugänglicher", „populärer", „heutiger" zu machen, mit Disco-Beleuchtung anstrahlen, in anderen Farben zeigen oder gar verkehrt aufhängen? Ich persönlich gehe gerne ins Leopold Museum in Wien und schaue mir die Zeichnungen und Bilder eines meiner Lieblingsmaler, Egon Schiele, an. Sein Bild *Eremiten* (1912), das ihn und Klimt wie zwei Sensenmänner mit langen schwarzen Gewändern zeigt, erzählt mir jedes Mal mehr von sich. Ich bin nie „fertig" damit, es zieht mich immer wieder an und lässt mich Neues entdecken. Es benötigt dafür keine Zugaben. Ich muss mich nur darauf einlassen, gerade weil es einfach nur da hängt.

Populismus im Kulturleben zeigt sich aber auch in so manchen Selbstdarstellungen von Künstlern, die marktschreierischen Gesetzen folgen. Immer häufiger geht es mehr um die Verpackung als um den Inhalt, mehr um die Optik als um das Gehörte. Der Schein ist manchmal nicht nur trügerisch, sondern auch verführerisch! In Wahrheit wird oft längst an der Musik vorbeigeschaut und die spektakuläre Inszenierung der Person sowie ihre zur Schau gestellten Emotionen als Mittel zur Förderung der Karriere benutzt. Ein Teil des Publikums scheint auch genau dieses Spektakel zu erwarten: die große Show, die Hingerissenheit und die Exzentrik. Dabei bräuchten wir als Antworten auf unsere Welt den berührenden Bach, den musikantischen Mozart oder den sinnlichen Strauss. Klassische Musik hat uns so viel zu bieten: Von überschäumendem Humor bis zur tieftraurigen Klage breitet sie die ganze emotionale Palette, der Menschen fähig sind, vor uns aus.

Traurig an dieser Entwicklung des Spektakels ist, dass sie leider auch unsere Musikhochschulen erreicht hat. An ihnen wird nicht mehr nur das Geigenspiel und Singen, das Klavierspiel und Dirigieren gelehrt. Längst stehen Fächer wie Eigenvermarktung, Selbst-Management oder Musik-PR auf den Stundenplänen. All das sind sicherlich wichtige Disziplinen in unserer Zeit, und ich verstehe die Argumentation der Hochschulen, die erklären, dass eine perfekte musikalische Ausbildung nicht mehr reiche, um Karriere zu machen. Aber kapitulieren unsere Konservatorien mit dieser Auffassung nicht ausgerechnet vor jener schrillen und aufgekratzten Welt, in der die Musik eigentlich eines der letzten Korrektive sein könnte? Am Ende ist die Rechnung doch einfach: Wenn ich 20 Prozent meiner Ressourcen für Gedanken über die eigene Vermarktung aufwende, bleiben für musikalische Fragen lediglich 80 Prozent übrig – und ich finde 80 Prozent bedeuten 20 Prozent weniger, um der großen Musikliteratur gerecht zu werden.

Dass Musiker heute PR mitdenken müssen, führt oft dazu, dass wir vergessen, die Tiefen der Musik zu erkunden. Die Aufmerksamkeit, die generiert werden soll, führt bisweilen zum Missbrauch von Musik. Und mehr noch: Während wir so tun, als sei Klassik eine Kunst, die ganz einfach und ohne nachzudenken lässig wie ein seichter Unterhaltungsfilm im Kino genossen werden kann, betrügen wir sowohl das Publikum als auch die Musik an sich! Die anbiedernde Verkaufsstrategie ist in Wahrheit Respektlosigkeit vor Bach, Mozart und Beethoven, denn Kunst besteht nicht in der allgemeinen Zerstreuung, sondern in der Sammlung.

Ich habe es schon damals nicht verstanden, als die „Drei Tenöre" 1990 meinten, mit ihren Stadion-Auftritten ein neues Publikum für Puccini und Verdi begeistern zu können, wie auch der große Marcel Prawy fälschlich meinte. Ich bezweifle, dass viele Leute, die sich am *Vincerò*-Medley von Pavarotti, Domingo und Carreras berauscht haben (was ja durchaus legitim ist), am nächsten Tag in ein Schallplattengeschäft gegangen sind, um sich eine Gesamtaufnahme der *Turandot* zu kaufen. Ganz zu schweigen von einem Opernticket. Im Gegenteil: Der TV-Regisseur Brian Large sagt heute, dass man damals ein Monster geschaffen habe, das anschließend keiner mehr zähmen konnte. Nach dem Konzert in Caracalla wurde er von den Fernsehanstalten immer wieder gebeten, es doch bitte noch einmal so unterhaltsam zu machen wie beim Spektakel der „Drei Tenöre". Mahlers *Achte*, Verdis *Requiem*? Fehlanzeige: „Können wir nicht noch ein Stadion-Konzert senden?" Es gab keinen Weg zurück. Arien waren plötzlich mediale Zirkusnummern und verlangten nicht nach mehr Oper, sondern nach mehr Zirkus!

Ich frage mich, was Konzerthäuser damit bezwecken, wenn sie um ein junges Publikum buhlen und damit werben, dass man bei ihnen während der Konzerte twittern könne. Wie sehr muss man die Musik missverstehen, um Handys ausgerechnet an einem der letzten Orte hoffähig zu machen, an denen sie – mit Ausnahme vielleicht von Kirchen – noch guten Gewissens ausgeschaltet bleiben dürfen? Wie kann man ein Refugium der Unerreichbarkeit so wohlfeil den Verlockungen der andauernden Erreichbarkeit öffnen? Sind die Entschleunigung und die Stille nicht das, was ein Konzerthaus mit der Kirche verbindet? Zufluchtsorte der Muße, in denen die Aufgeregtheit der Welt ausgeschlossen bleibt?

Der Effekt der neuen Schrillheit ist schon länger zu beobachten: Je lauter die Marktschreier werden, desto schneller brauchen sie Nachschub. Früher wurden sogenannte Klassikstars in vielen Jahren geboren, um ein Leben lang am Himmel zu strahlen. Heute scheint ihre Bestimmung eher das schnelle und effektvolle Verglühen als Sternschnuppe zu sein. Stars, die mit Pauken und Trompeten gemacht werden, haben die Eigenschaft, schnell wieder unterzugehen.

Die Frage, wie wir diesen Trend aufhalten können, ist nicht ganz leicht zu beantworten. Denn er hat ganz unterschiedliche Ursachen. Eine ist sicherlich die Sehnsucht nach dem schnellen Profit. Künstlerkarrieren sind wie moderne technische Erfindungen: Früher haben Telefone eine Generation lang gehalten, heute sind sie schon nach zwei Jahren veraltet. Das ist lukrativ für die Telefonhersteller und für den Fortschritt technischer Geräte mag das unabdingbar sein, aber die Klassik ist anders: zeitlos und dabei nicht maßlos.

Ein weiteres Problem des neuen Klassikmarktes ist sein Personal. Die meisten Manager und Impresarios haben ein größeres Interesse am schnellen Geld als an einer langfristigen Karriere ihrer Künstler. Ich erinnere mich an schillernde Manager-Haudegen wie Ronald A. Wilford, der unter anderem mit Claudio Abbado und Herbert von Karajan, mit Kurt Masur, Riccardo Muti oder Yehudi Menuhin, mit Anne-Sophie Mutter und Mstislaw Rostropowitsch zusammengearbeitet hat und mit Sängern wie Grace Bumbry, Marilyn Horne und Frederica von Stade. Auf der einen Seite waren Manager wie Wilford auch eiskalte Machtmenschen, ihnen war das Geld nie egal, wie Klaus Umbach es so herrlich böse in seinem Buch *Geldschein-Sonate* beschrieben hat. Aber Wilford war eben auch ein treuer Wegbegleiter seiner Künstler. Das Geschäftsmodell eines Wilford war nicht die atemlose Kurzlebigkeit einer Karriere und die ewige Neuerfindung junger Künstler, sondern der ausgeruhte, beständige und atmende Karriereweg. Die Klassik war so etwas wie der Goldpreis der Musik: ein Markt, dessen Markenzeichen die Stabilität und Sicherheit waren, ein Markt, auf dem behutsam agiert werden musste. Ähnliches galt auch für Intendanten. Ioan Holender, der einstige Chef der Wiener Staatsoper, war stets um seine Sängerinnen und Sänger bemüht, entdeckte sie in der Provinz und förderte sie behutsam, aber auch streng. Oder Brigitte Fassbaender, die nach ihrer eigenen Gesangskarriere das Landestheater in Innsbruck übernahm und es als Haus führte, an dem sie die einzelnen Stimmen individuell und sorgfältig begleitete. Keiner von ihnen betrieb den Klassikmarkt mit den Mitteln des Pop.

Inzwischen scheint die Sehnsucht der Klassik zu groß geworden zu sein, die kurzzeitigen und spektakulären Erfolge des Pop zu kopieren. Also wurde auch die Klassik immer schriller, schneller und aufgeregter. Die Gier nach Profit stand am Anfang des Endes der früheren Klassikwelt und ihrer Tugend, die Künstler bei ihren gesunden Karrieren zu begleiten.

Aus eigener Erfahrung weiß ich, wie verlockend – gerade am Anfang einer Karriere – große Versprechen sind. Bei mir war es ein Brief, der mich spüren ließ, dass Größeres möglich war. Ein Agent hatte ihn geschrieben und schlug vor, mich, den damals 19-jährigen Niemand aus der Provinz, zu treffen. Er wollte mich unter seine Fittiche nehmen. Ich habe das Schreiben meinem Lehrer Balduin Sulzer gezeigt, und der sagte zu mir: „Da fährst du hin!" Also bin ich nach Liechtenstein gefahren zu Andreas von Bennigsen und war sofort begeistert von seinen Plänen. Ich sagte ihm zu, vertraute ihm und hörte auf seine Ratschläge. Ich ließ mich von ihm sogar überzeugen, meinen Namen zu ändern, und so wurde aus Franz Leopold Maria Möst: Franz Welser-Möst. Heute würde ich das wahrscheinlich nicht mehr so machen. Aber ich habe erlebt, wie eng die Beziehung zwischen Künstler und Agent werden kann, wenn man gemeinsam an einem Plan arbeitet, zusammen einen Weg geht, durch die Musik verbunden ist und man vor allem einander vertrauen muss. Dies führte bei uns sogar zu einer „schwachen Adoption", bei der rechtlich eine Verwandtschaft ausschließlich zwischen dem Adoptierenden und dem Adoptierten begründet wird und alle bisherigen Verwandtschaftsverhältnisse auf der Seite des Adoptierten bestehen bleiben. Nach sieben Jahren geschäftlicher Zusammenarbeit, in denen ich schon sehr gut verdient hatte, bemerkte ich, dass ein Großteil der Bemühung Bennigsens dem Geld galt und nicht meiner künstlerischen Entwicklung. Und irgendwann war das Geld dann auch nicht mehr da. All das führte dazu, dass ich mich von ihm trennte.

In den USA war für mein Management Edna Landau zuständig, die ich 1984 kennengelernt und die mich bis zu ihrer Pensionierung 25 Jahre lang fantastisch betreut hat. Sie ist zu einer ganz engen Freundin geworden, die ich oft scherzhaft „My Jewish Mom" nenne. Sie hat mir stets von schnellen Engagements abgeraten und gepredigt: „Wir sagen erst ‚Ja', wenn du wirklich bereit bist." So wartete sie fünf Jahre mit meinem US-Debüt, das dann 1989 in St. Louis stattfand. Dies war der Beginn einer sorgfältig geplanten Karriere in Amerika, die in meinem Engagement in Cleveland gipfelte.

Besonders junge Künstler können Gefahr laufen, dass ihr großer Ehrgeiz sie naiv werden lässt. Die ersten Erfolge übertünchen schnell die eigene Unerfahrenheit. Doch ist die Freiheit, „Nein" sagen zu können, die eigentliche Handhabe, das Tempo des eigenen Weges bestimmen zu können. Ein verantwortungsvoller Umgang mit dieser individuellen Freiheit macht letztlich eine echte Künstlerpersönlichkeit aus. Wenn junge Menschen beruflichen Rat bei mir suchen, sage ich ihnen, dass sie frühzeitig eine wesentliche Frage für sich beantworten sollten. Wollen sie Karriere machen? Das ist in der Regel sehr anstrengend und schwierig, eventuell muss man nach den Regeln des Marktes spielen und sich immer wieder neu behaupten. Oder wollen sie ein Leben lang zu Suchenden werden, die andere durch ihren eigenen Weg begeistern? Dafür muss man allerdings seine ganze Existenz in die Waagschale werfen und sich bewusst werden, dass ein Großteil der Suche nicht im Licht der Scheinwerfer, sondern in der Abgeschiedenheit stattfindet. Ich bin der festen Auffassung, dass ein Künstler sich nicht ausschließlich durch Charisma definiert – dies tun auch Scharlatane –, sondern durch seine Bildung und sein Wissen sowie durch eine nicht enden wollende Neugier. Und vor allem durch Disziplin.

Ich erinnere mich an Sänger wie den wunderbaren Tenor Anton Dermota, der von 1966 an auch als Gesangslehrer in Wien arbeitete. Mit einer beispielhaften Selbstdisziplin trank er vor Auftritten lediglich Milch mit Honig und kommunizierte mit seiner Frau nur per handgeschriebener Notizen. Heute glauben viele Sänger, sich eine derartige Fürsorge für ihren eigenen Körper nicht mehr leisten zu können, weil der Markt von ihnen immer mehr verlangt: Aufnahme, TV-Auftritt, Signierstunde, Opernabend und Open-Air-Event – das alles am besten in einer Woche! Es gibt nur wenige Stimmbänder, Handsehnen oder Gehirne, die diesen Zirkus langfristig aushalten. Heute gehören viel Klugheit und viel Mut, viel Disziplin und Fleiß dazu, um eine gesunde Karriere zu machen. Dass Faulheit und Glück in einer Welt der Aufgekratztheit ebenfalls hilfreich sein können, ist wahr – aber eher die Ausnahme.

Es gibt auch heute viele gute Stimmen, aber oft entspricht die Ausbildung nicht den wachsenden Anforderungen. Hinzu kommt der Druck der Opernhäuser: Die Ensembles werden kleiner, Generalmusikdirektoren haben ihre eigene Karriere im Kopf, wollen möglichst schnell die großen Werke dirigieren, und Regisseure haben den Jugendwahn ausgerufen. Ein 50-jähriger Don Ottavio in Mozarts *Don Giovanni* ist heute fast undenkbar, und am liebsten sollte eine Salome – ganz authentisch – von einer 17-jährigen Sopranistin besetzt werden. Der einmal gültige Grundsatz, dass Theater Illusion sei, wird hier ignoriert. Ich nenne dies Realitätswahn. Durch das Diktat der Regisseure, die sich weitgehend von optischen Aspekten leiten lassen, ist es besonders für junge Sänger sehr schwer geworden, die Erwartungen zu erfüllen und dabei gleichzeitig sich selbst treu zu bleiben.

Aber es sind nicht nur die Gier und die Bereitschaft gestiegen, den Musikmarkt für den schnellen Profit zu nutzen. Der Markt ist – spätestens durch den Fall des Eisernen Vorhangs – auch explodiert und expandiert. Die Konkurrenz ist gewachsen. Besonders aus Asien und Russland kommen Künstler, die eine im Vergleich zu westeuropäischen Verhältnissen sehr harte Ausbildung genossen haben. Um sich in dieser allgemeinen Gemengelage durchzusetzen, suchen immer mehr junge Künstler verkrampft den nächsten Zug, der sie einige Kilometer weiterbringen kann. So sind wir zu einem Künstlervolk der Trittbrettfahrer geworden, das auf immer andere Züge aufspringt, ohne zu wissen, wo genau sie eigentlich hinwollen.

Für langfristige Karrieren ist es aber wichtig, ein konkretes Ziel vor Augen zu haben, egal, ob man es am Ende erreicht oder nicht. Nie war die individuelle Freiheit so groß wie heute

– sie ist gleichermaßen ein Segen wie ein Fluch. Gerade in einer Gesellschaft, in der so vieles möglich ist, wird es umso wichtiger, seinen eigenen Weg zu gehen. Ich bin überzeugt, dass die kleine Geste, die Schönheit der Stille und die Besinnung auf das Wesentliche wieder attraktiv sind, dass wir uns in der schrillen Welt der Aufmerksamkeitsökonomie in Wahrheit nach dem herrlichen Anachronismus der Tiefe und nach geteiltem Erleben sehnen. Einer meiner Musiker in Cleveland hat das sehr schön und treffend auf den Punkt gebracht: *Music making is not about showing off – it is about sharing!* (Beim Musizieren geht es nicht um das Zurschaustellen – es geht um das Teilen!)

Langeweile bedeutet ein langes Verweilen. Und deshalb empfinde ich die Langeweile – so genannt, weil sie in Wahrheit nichts anderes ist als die Verweigerung der Aufmerksamkeitsspirale – als besonders spannende Form der musikalischen Existenz.

Ruhe: Aufnahme!

Es ist kein Geheimnis, dass die Plattenindustrie in einer Krise steckt. Zwischen 2017 und 2018 ist der Umsatz um ein Viertel eingebrochen, von 56 auf 42 Millionen Euro. Einen Klassik-Bestseller kann man heute schon mit weniger als 10.000 verkauften Tonträgern landen. Bei kleinen Labels wird wie folgt kalkuliert: 2.000 verkaufte Platten reichen, um eine Aufnahme weitgehend zu refinanzieren. Aber zur Wahrheit gehört auch, dass sich ein Großteil der Klassik-CDs nur rund 200 bis 500 Mal verkaufen lässt. Jede dieser Aufnahmen ist also entweder ein Zuschussgeschäft, das heißt, die Künstler verzichten auf jegliches Honorar oder zahlen sogar drauf. Selbst große Plattenfirmen bitten ihre Künstler in diesen Zeiten immer öfter, einen Teil der Aufnahmekosten selbst zu übernehmen. Das führt zu vollkommen neuen und zuweilen durchaus kreativen Ideen. So finanziert der Tenor Daniel Behle seine Einspielungen traditionell durch Crowdfunding. Damit bleibt er künstlerisch autonom und kann verwirklichen, was er will, ohne dass ihm jemand hineinredet. Das Label – in diesem Fall Sony – benutzt er am Ende lediglich als Gütesiegel und Vertriebsmöglichkeit.

In Wahrheit ist das Ende der CD-Industrie längst besiegelt. Auch auf dem deutschsprachigen Musikmarkt hat sich das Audio-Streaming inzwischen als umsatzstärkstes Format etabliert. Im Jahr 2019 haben Musik-Streams mit 107 Milliarden abgerufenen Titeln zum ersten Mal die 100-Milliarden-Marke übersprungen. Doch ein solides Geschäftsmodell – außer für die Streaming-Anbieter – scheint auch diese Methode nicht zu sein: Spotify und Co zahlen den Plattenfirmen lediglich einen Tausendstel Cent pro Stream, und die geben davon nur einen Bruchteil an ihre Künstler weiter. Ein Ausweg aus dieser unbefriedigenden Situation ist derzeit nicht in Sicht. Warum auch? Es wird ja fleißig weiterproduziert.

Auch im audiovisuellen Bereich hat das Streaming Konjunktur, Opern- und Konzerthäuser verstehen es als Werbung, wenn ihre Aufführungen in den Wohnzimmern abrufbar sind: Entweder streamen sie direkt auf eigenen Portalen und bieten Abos an oder sie nutzen andere Streaming-Portale. Beide Formen stecken noch in den Kinderschuhen, da die Kosten für Zuschauer, im Vergleich etwa zu Netflix, sehr hoch sind, die Angebote sehr speziell und die Abo-Zahlen deshalb gering. Lukrativ ist das alles nicht. In meiner Zeit als Generalmusikdirektor der Wiener Staatsoper bekam ich eine Abrechnung für eine dieser Übertragungen auf meinen Schreibtisch. Ich musste laut lachen, als ich am Ende der dreiseitigen Aufstellung die Endsumme von 65 Cent las.

Vor 30 Jahren war das noch anders, damals ging es noch um viel Geld. Das große Geschäft gab den Plattenfirmen auch eine große Macht über Besetzungen in Opernhäusern und Festivals. Noch am Anfang meiner Karriere waren Plattenlabels der Sehnsuchtsort eines jeden Klassikkünstlers. Wer eine Platte bei der Deutschen Grammophon, bei DECCA oder EMI aufnehmen durfte, so war die inoffizielle Regel, hatte es geschafft. Ein Exklusivvertrag war so etwas wie ein brancheninterner Verdienstorden.

Ende der 1980er-Jahre war es EMI-Chef Peter Alward, der mich ansprach. Schon Maria Callas hatte für das legendäre Label mit dem weißen Hund vor dem alten Grammophon aufgenommen. Es wurde von der Produzenten-Legende Walter Legge, dem Ehemann der Sopranistin Elisabeth Schwarzkopf, geprägt, war ein ikonenhaftes Label und ist heute leider untergegangen.

Bereits damals lag das Ende der goldenen Ära der Plattenindustrie in der Luft. Eine große musikalische Erfindung hatte ihren Zenit überschritten: Enrico Caruso hatte der Klassikwelt vorgemacht, dass eine auf Schellack oder Vinyl gepresste Stimme schnell in der ganzen Welt bekannt werden konnte, das gigantische Ausmaß der Dirigenten-Karrieren von Herbert von Karajan oder Leonard Bernstein wäre ohne die Plattenindustrie so nicht denkbar gewesen. Schallplatten- und Fernsehaufnahmen waren Geschäftsmodelle, an denen Künstler, Orchester und die Labels selbst prächtig verdienten. Hunderttausende verkaufte Schallplatten waren damals keine Seltenheit.

Die EMI wollte einen Bruckner-Zyklus mit mir herausgeben. Das lag auf der Hand, schließlich stamme ich – ebenso wie Anton Bruckner – aus Oberösterreich. Aber ich war damals 30 Jahre jung, und einen gesamten Zyklus aufzunehmen schien mir vermessen. Also einigte ich mich mit Peter Alward auf andere Projekte. Damals gehörte eine Aufnahme der *Carmina Burana* zum Muss für einen Dirigenten – auch wegen der zu erwartenden Verkaufszahlen. Tatsächlich fand unsere Aufnahme (übrigens mit Barbara Hendricks) einen sehr guten Absatz und ging über 150.000 Mal über den Verkaufstisch. Ein schönes Nebeneinkommen. Mir wurde aber mehr und mehr klar, dass es weniger um ein Nebeneinkommen ging als um den PR-Wert, den solche Aufnahmen für einen Künstler darstellen. Mich verwundert, wie sehr sich die Plattenindustrie, trotz ihres offensichtlichen Niedergangs, noch an alte Zeiten klammert und an ihre längst vergangene Macht glaubt. Noch immer versuchen die Labels, Einfluss auf Opernhäuser oder Fernsehsendungen zu nehmen – und manchmal gelingt ihnen das sogar. Tatsächlich hat die Krise der Plattenindustrie aber dazu geführt, dass die Verkaufsstrategien immer oberflächlicher wurden, dass es irgendwann nicht mehr darum ging, welche Musik aufgenommen wurde, sondern mit welchen nicht musikalischen Atouts man die Käuferschaft erreichen konnte. Die CD-Branche wurde zum Brandbeschleuniger der PR-Maschinerie. Immer abstrusere Geschichten über Künstler wurden erzählt, über ihre Liebe zu Tieren, über ihre psychischen Probleme, über ihre Armut oder ihre Nacktheit. Nur die Musik selbst spielte eine zunehmend kleinere Rolle. Diese Abwärtsspirale scheint sich immer weiterzudrehen.

Die allgemeine Krise der Aufnahmeindustrie hat auch dazu geführt, dass ein Teil der Aufnahmen heute technisch erschreckend schlecht produziert wird. Früher wurden sowohl Opern als auch Symphonien tagelang in Studios aufgenommen. Inzwischen ist es – auch dank der technischen Entwicklung – gang und gäbe, dass Konzerte live mitgeschnitten und möglichst schnell auf den Markt geworfen werden. Die Plattenindustrie reist der Event-Kultur hinterher und bildet sie – ohne eine eigene Haltung zu entwickeln – atemlos ab. Kein Wunder, dass große Orchester sich inzwischen zweimal überlegen, ob sie überhaupt eine Plattenfirma brauchen. Die Berliner Philharmoniker haben eine selbstbewusste Konsequenz aus der aktuellen Situation gezogen und veröffentlichen ihre Musik unter einem eigenen Label. Die Logik dahinter ist bestechend: Ein Orchester wie die Berliner Philharmoniker hat viele Fans auf der ganzen Welt, allein auf Facebook folgen dem Ensemble fast anderthalb Millionen Menschen. Keine Plattenfirma könnte ein derartiges Interesse generieren. Da ist es nur logisch, dass die Berliner Philharmoniker die Verbundenheit ihres Publikums und ihrer Fans nutzen, um ihre eigenen Aufnahmen selbst zu vertreiben – sowohl audiovisuell in der „Digital Concert Hall" als auch physisch auf herkömmlichen CDs.

Trotz der Einbrüche im Geschäft mit den Aufnahmen haben die Spielstätten beim Publikum zum Glück nicht an Attraktivität eingebüßt und stellen auch heute die größte Verdienstmöglichkeit dar. Fakt ist, dass CDs und Streams nicht mehr allein über die Popularität und den Erfolg eines Künstlers oder eines Orchesters entscheiden. Ich bin davon überzeugt, dass gerade Orchester heute gut beraten sind, ihre Beliebtheit dort zu festigen, wo sie ursprünglich entsteht: in ihren Konzerten und vor ihrem eigentlichen Publikum. Nur wenn man präsent ist, wenn man seine Visionen regelmäßig zur Diskussion stellt, erzeugt man Nähe, Begeisterung und Leidenschaft. Heute sollte sich jeder die Frage stellen, in welchen Teilen der Welt er berühmt sein will. Denn die ganze Welt ist – trotz aller Globalisierung – für die meisten Künstler und Ensembles viel zu groß geworden. Es geht darum, sich gezielt Märkte auszusuchen und sie ernsthaft zu bedienen.

Eine der absurdesten Tourneen meiner Karriere habe ich im März 1996 mit dem London Philharmonic Orchestra unternommen. Wir haben in 20 Tagen 18 Konzerte in 16 verschiedenen Städten gespielt. Das ist nicht nur anstrengend, sondern auch fragwürdig, da es keine dauerhafte Wirkung erzeugt. Deshalb war es mir persönlich wichtig, mit dem Cleveland Orchestra regelmäßige Residenzen zu etablieren, unter anderem im Wiener Musikverein. Dank des langjährigen Intendanten dieser Institution, Thomas Angyan, habe ich eine der ersten Residenzen eines internationalen Orchesters in Wien eingeleitet. Diesem Modell sind viele andere Orchester gefolgt. Damals wurden im Goldenen Saal nur sieben anderen Orchestern eigene Zyklen angeboten, heute sind es bereits 17 Ensembles, die hier regelmäßig auftreten. Ein Zeichen dafür, dass ein reales Konzert die Beziehung zum Publikum am besten aufbauen kann. Und genau das ist für jeden ernsthaften Musiker ein Trost: Die Wahrhaftigkeit der Aussage der Musik bleibt Grundlage allen Musizierens, und damit auch jeder Verkaufsstrategie und jeder Aufnahme.

Gugelhupf und Dreivierteltakt

Eine meiner liebsten Familiengeschichten handelt von meinen in Österreich weltberühmten Vorfahren, und darin spielt meine Ururgroßmutter Katharina Dommayer, die damals als „Dickste Frau" Wiens Schlagzeilen machte, eine Hauptrolle. Die Familie Dommayer war hauptsächlich durch ihre Mehlspeisen bekannt und betrieb Mitte des 19. Jahrhunderts das „Casino Dommayer", ein Tanzlokal im Wiener Stadtteil Hietzing. Die Dommayer-Linie geht auf meine Großmutter väterlicherseits zurück, und die Tochter Luise der besagten Katharina hatte die Familie durch ihre Hochzeit mit der damals ebenfalls legendären Feinkost-Dynastie, der Familie Wild, vereint.

Katharina soll ein sehr lebensfroher Mensch gewesen sein. Einer ihrer größten Wünsche war es, ihre Heimatstadt von oben zu sehen. Ihr Schwiegersohn wollte ihr diesen Gefallen tun und bestellte ein Pferdegespann, das Katharina auf den Kahlenberg bringen sollte, von wo aus sich einer der schönsten Blicke über Wien eröffnet. Allerdings, so die Legende, sollen die Rösser beim Gewicht Katharinas schon beim ersten Anstieg geschnauft und dann ziemlich schnell gestreikt haben. Ihnen fehlte die Kraft, meine Ururgroßmutter auf den Berg zu ziehen, woraufhin Katharina ausgestiegen und in Tränen ausgebrochen sei. Ihr geliebtes Wien hat sie nie von oben gesehen.

In die Mehlspeisen-Geschichte Österreichs ist Katharina allerdings durch eine andere Geschichte eingegangen. Ihr wird das Rezept des legendären Kaisergugelhupfs zugeschrieben, jener köstlichen Mehlspeise mit Bitterschokolade, Walnüssen und Rum, der offensichtlich auch Kaiser Franz Joseph verfallen war. Er bat Katharina einst um das Rezept, was sie ihm auch schickte.

Der Kaiser, der die Sommerfrische gern in Bad Ischl mit seiner Geliebten, der Burgschauspielerin Katharina Schratt, verbrachte, soll das Gugelhupf-Rezept an die Actrice weitergegeben haben. Meine arme Ururgroßmutter hat es jedenfalls niemals zurückbekommen. Stattdessen ging ihr Dommayer-Gugelhupf unter dem Namen Schratt-Gugelhupf in die österreichische Feinkosthistorie ein.

Mich hat der tragische Humor dieser Geschichte stets erheitert, und als die Wiener Philharmoniker mich eingeladen haben, das Neujahrskonzert 2011 zu dirigieren, fiel mir die gute Katharina wieder ein. Über ein Jahr lang habe ich mit dem damaligen Philharmoniker-Vorstand Clemens Hellsberg an unserem Programm getüftelt. In diesem Jahr war klar, dass Franz Liszt anlässlich seines 200. Geburtstages geehrt werden sollte, aber ich wollte dem Konzert gern auch eine persönliche Note geben. Ich war der fünfzehnte Dirigent, der das Neujahrskonzert dirigieren durfte, und nach Clemens Krauss, Josef Krips, Willi Boskovsky, Herbert von Karajan, Carlos Kleiber und Nikolaus Harnoncourt der siebte Österreicher. Da habe ich mich an Katharina Dommayer und das „Casino Dommayer", das von ihrer Familie geführt wurde, erinnert. An der Hietzinger Hauptstraße fanden legendäre Walzer-Abende von Johann Strauß (Vater) und Joseph Lanner statt. Außerdem war Katharina eine geborene Scherzer, die Tochter des Betreibers des Tanzlokals „Zum Sperl" in der Wiener Leopoldstadt. Auch hier wurde bereits Walzer-Geschichte geschrieben, wovon unter anderem *Sperls Festwalzer*, die *Sperl-Polka* und der *Sperl-Galopp* von Johann Strauß (Vater) erzählen, ebenso wie der Ländler *Willkommen zum Sperl* von Joseph Lanner.

Für das Neujahrskonzert 2011 wählte ich unter anderem zwei Stücke von Johann Strauß (Sohn) aus, der 1844 mit 19 Jahren sein Debüt im Dommayer gegeben hatte. Hier legte er den Grundstein für seinen Ruf als „neuer Walzerkönig". Unter anderem erklangen im Dommayer seine *Debut-Quadrille* und die *Amazonen-Polka* zum

Dem ersten Neujahrskonzert mit den Wiener
Philharmonikern, das Franz Welser-Möst dirigierte,
verlieh er 2011 auch eine persönliche Note

ersten Mal. Und es war mir ein großes Anliegen, dass Katharina
nun aus dem Himmel hören konnte, wie diese beiden Stücke zum
ersten Mal bei einem Neujahrskonzert in Wien erklangen.

Gleichzeitig war mir die 1887 uraufgeführte Operette *Simplicius*
von Johann Strauß (Sohn) für die Programmierung meines ersten
Neujahrskonzerts wichtig. Sie wurde zum ersten Mal am Theater
an der Wien gegeben, floppte (wahrscheinlich aufgrund ihres
zugegeben mittelmäßigen Librettos) und wurde nie wirklich reha-
bilitiert. Im Strauß-Jahr 1999 habe ich dieses Werk in Zürich aufgeführt, was auch auf DVD dokumentiert wurde. Und so habe ich die
Stücke *Reitermarsch*, *Donauweibchen* und *Muthig voran!*, die alle

vom *Simplicius* inspiriert sind, als Klammer des ersten Konzertteils ausgewählt.

Eine Veranstaltung wie das Wiener Neujahrskonzert ließe sich problemlos als gigantisches Musik-Event einstufen. Man könnte es aber auch als Teil einer Musiktradition interpretieren. In Wahrheit ist das Neujahrskonzert in Wien wahrscheinlich beides: ein internationales Klassik-Event, das weltweit in über 90 Länder übertragen wird, aber eben auch ein existenzieller Kern der österreichischen Musik- und Gesellschaftskultur. Die wahre Größe und Eigendynamik, die diese Veranstaltung entwickelt, werden einem allerdings erst klar, wenn man selbst Teil davon wird.

Die Vorauführung findet traditionell am 30. Dezember statt, am 31. Dezember das sogenannte Silvesterkonzert. In der Silvesternacht lag ich in unserer damaligen Wohnung in der Dorotheergasse auf dem Sofa und litt aus Nervosität an starken Magenschmerzen. Ich bin in meinem Leben wahrscheinlich noch nie so nervös gewesen wie vor diesem Neujahrskonzert. Die Schwierigkeiten der sogenannten leichten Musik werden gern unterschätzt. Tatsache ist aber, dass man es bei einem ganz normalen symphonischen Abend mit vielleicht 20 verschiedenen Tempi zu tun hat. Beim Neujahrskonzert muss man sicherlich um die 200 Tempowechsel organisieren, was von einem Dirigenten ständige Aufmerksamkeit und einen ganz engen Dialog mit dem Orchester erfordert. Jeder einzelne Übergang muss gestaltet werden, was für alle Beteiligten nervenaufreibend ist, zumal die ganze Welt zuschaut.

Als ich am Morgen des 1. Januar in den Musikverein kam, traf ich auf die Moderatorin des ORF, auf Barbara Rett. Sie muss mir angesehen haben, dass ich etwas blass um die Nase war. „Das ist ganz normal", sagte sie mir, „jeder, der hier zum ersten Mal auftritt, ist weiß wie die Wand, bevor er die Bühne betritt." Das sei bei Nikolaus Harnoncourt so gewesen, bei Daniel Barenboim und selbst bei Zubin Mehta. Auch wenn man derart tröstende Worte vor einem Konzert lediglich wie in einem Tunnel wahrnimmt, dringen sie zu einem durch und geben einem Mut. Der großartige Mensch und Dirigent Mariss Jansons, den ich wenige Tage später in der Wiener Staatsoper traf, lächelte mich groß an, legte mir beide Hände auf die Schultern und sagte: „Nur wir wissen, wie schwer dieses Konzert ist."

Als mich die Wiener Philharmoniker kurz darauf erneut für 2013 fragten, wusste ich, was auf mich zukam und beschloss, das Ganze dieses Mal etwas bewusster zu genießen. Die Musikwelt gedachte in diesem Jahr auch der 200. Geburtstage von Richard Wagner und Giuseppe Verdi, die wir in dieses Programm einbanden. Gemeinsam mit den Philharmonikern und Clemens Hellsberg stellte ich elf Kompositionen auf das Programm, die zuvor noch nie in einem Neujahrskonzert erklungen waren, unter ihnen Wagners *Lohengrin*-Vorspiel und ein Ausschnitt aus dem Ballett aus Verdis *Don Carlo*.

Von Kritik und Leidenschaft

Sie tut weh, sie kann verletzen, sie zwingt uns manchmal zum Nachdenken, sie kann einen freuen – und sie ist auf jeden Fall notwendig. Wir alle brauchen sie. Für meine Karriere galt jedoch immer: An erster Stelle will ich mit meiner Arbeit das Orchester überzeugen, dann das Publikum und zuletzt sie, die Kritik.

Der Widerstand von Seiten der Medien begleitete von Beginn an meinen künstlerischen Weg. Bereits in meinen Anfangszeiten mit dem Linzer Jeunesse-Orchester mischten sich negative Stimmen in das mediale Echo. Allerdings überwog damals noch die Begeisterung über diese jungen Musiker, die vor den großen Brocken des Repertoires nicht zurückschreckten. Meine anfängliche jugendlich ungestüme Art mit Musik umzugehen, wurde auch in den ersten Stationen meines Profilebens, in Norrköping, Winterthur, Lausanne und bei meinen ersten Gastdirigaten, nicht immer nur bewundert. Grausam wurde es dann – wie bereits berichtet – in London.

Als ich nach Zürich kam, so schwer durchgebeutelt, dass ich darüber nachgedacht hatte, mir einen anderen Beruf zu suchen, erfuhr ich auch hier viel Widerstand in den Medien. Vor allem der Chefkritiker der vielleicht distinguiertesten Zeitung der Schweiz war mir nicht wohlgesonnen. Bis auf eine Kritik – es war eine Premiere von *Tannhäuser* – schrieb er ausschließlich schlecht über mich. Der Chefredakteur des Kritikers befand eines Tages, dass seine Auseinandersetzung mit meiner Arbeit einer persönlichen Abneigung – aus welchen Gründen auch immer – entspringen musste und ließ infolgedessen nur mehr die anderen Kritikerkollegen meine Aufführungen rezensieren.

Man stelle sich vor: Ein ganzes Opernhaus hat für mehrere Wochen auf eine Premiere hingearbeitet. Sänger, Dirigent, Regisseur, Orchester, Chor, musikalische wie szenische Assistenten, Werkstätten, Bühnenarbeiter – alle haben ihre ganze Energie in die Vorbereitung und Aufführung investiert. Gegen Ende einer solchen langen Arbeitsphase kommt dann noch große Nervosität auf, man fiebert dem Moment entgegen, an dem man die gemeinsame Anstrengung zum ersten Mal der Öffentlichkeit präsentieren darf; sogar viele Mitarbeiter in den Büros werden vom Premierenfieber erfasst. Und dann wird das alles manchmal mit ein paar Federstrichen zunichte gemacht ... Der Morgen, an dem die Kritiken erscheinen, ist beim Betreten des Hauses daher immer sehr speziell. Viele haben das, was die Medien geschrieben haben, schon gelesen. So werden die, die ein gehöriges Maß an Kritikerschelte abbekommen haben, getröstet, den anderen wird gratuliert.

2008 fragte mich der damalige Intendant in Cleveland, Gary Hanson, ob ich bereit wäre, eine „Deposition" abzugeben. Ich hatte bis dahin keinerlei Berührung mit dem amerikanischen Rechtssystem gehabt und wusste nicht, was das bedeutete. Die

Vorgeschichte war, dass der erste Musikkritiker der lokalen Zeitung mich wieder und wieder sehr harsch kritisiert hatte. Nach sechs Jahren dieser überwiegend negativen Rezensionen hatte ihn sein Arbeitgeber intern versetzt. Daraufhin verklagte er diesen und auch unser Orchester. Ich war für diesen Prozess augenscheinlich ein wichtiger Zeuge. Gary Hanson erklärte mir in unserem Gespräch, dass eine Deposition eine Zeugenaussage sei, die vor dem Prozess vom Anwalt des Kritikers durchgeführt wird. Auf meine Frage, ob ich das verweigern könne, meinte er, ja, aber das Gericht würde dann eine Vorladung aussprechen. Solche Depositions werden auf Video aufgenommen und dem zuständigen Richter übermittelt, der dann entscheidet, ob es zu einer Verhandlung kommt. Ich saß also nach ausgiebiger Vorbereitung durch unsere Anwältin zweimal im Abstand von ungefähr einem halben Jahr im Büro des Anwalts des Kritikers. Die erste Deposition dauerte fünfeinhalb Stunden, die zweite zweieinhalb. Diese Befragungen empfand ich als sehr demütigend. Es kam zur Verhandlung, bei der ich nicht mehr anwesend sein musste, und eine Jury wies die Klage in allen Punkten ab.

Wie kann eine Meinungsverschiedenheit über musikalische Visionen derart emotional eskalieren? Warum verhärten sich zwischenmenschliche Fronten in einer kulturellen Debatte so schnell und scheinbar unlösbar? Wie kann es sein, dass Rafael Kubelík, einer der großen Dirigenten des 20. Jahrhunderts, nach nur drei Jahren als Musikdirektor des Chicago Symphony Orchestra von Claudia Cassidy, der Kritikerin der *Chicago Tribune*, aus dem Amt getrieben wurde? Und wie fassungslos war ich, als mir der inzwischen verstorbene österreichische Starkritiker Franz Endler sein Berufsverständnis darlegte: Seine Rolle als Kritiker gegenüber jungen Künstlern sei wie die des Jägers für das kranke Wild – es muss herausgeschossen werden! Die Wirkungsmacht entfaltet sich dabei nicht nur durch die direkte Kritik. Es kann schließlich Künstler auch unausgesprochen degradieren und vernichtend auf sie wirken, wenn andere mit überschießendem Lob und vollkommen übertrieben in den Himmel gehoben werden. Und ist letztlich nicht auch das Totschweigen durch die Kritik ein subtiles Mittel der Diskreditierung?

Grundsätzlich bin ich ein großer Freund der Kritik, die gern auch streng und ironisch ausfallen darf. Ich bin der festen Überzeugung, dass die Hass-Liebe zwischen Künstlern und ihren Kritikern ein inspirierender Teil der Musikgeschichte ist. Sie sollte jedoch nie respektlos sein. Egal, ob wir über Journalisten wie Eduard Hanslick sprechen, der einst Richard Wagner in Bausch und Bogen kritisierte, über zynische Schriftsteller wie Heinrich Heine oder Friedrich Nietzsche, für die Musik immer auch eine gesellschaftliche Größe darstellte, oder über Komponisten wie Hector Berlioz, dessen Rezensionen ebenso amüsant wie gefürchtet waren. Ganz zu schweigen von einem österreichischen Kritiker-Genie wie Karl Kraus, dem der wunderbare Satz zugeschrieben wird: „Was trifft, trifft auch zu."

Der österreichische Chansonier Georg Kreisler ließ in seinem Song *Der Musikkritiker* kein gutes Haar am Berufsstand des Rezensenten. „Es gehört zu meinen Pflichten, Schönes zu vernichten", heißt es da, und (nicht ganz zu Unrecht): „Denn jedem Künstler ist es recht, spricht man von andern Künstlern schlecht!" Antrieb des stets schlecht gelaunten Musikkritikers ist bei Kreisler die musikalische Unzulänglichkeit des Rezensenten. In Wahrheit hasst er die Musik, und jedes seiner Worte ist Rache an Musikern oder an seinen früheren Musiklehrern. Obwohl das Lied sehr lustig ist, glaube ich, dass genau das Gegenteil der Fall ist: Das zuweilen angespannte Verhältnis von Künstlern und Kritikern begründet sich nicht darin, dass die einen oder die anderen ahnungslos sind. Das würde die Sache auch zu einfach machen. Die Spannung der Berufsstände besteht – glaube ich – eher darin, dass Musik für beide Seiten ein Gefühl intimster Leidenschaft darstellt.

Zumindest für mich kann ich behaupten, dass Musik im wahrsten Sinne existenziell für mein Leben ist, dass ich beim Musizieren verletzlich bin und hingegeben, und dass ich dabei jegliche Intimität preisgebe, meine Einstellung zu den wichtigsten Fragen des Menschen, zu Liebe und Tod, Sehnsucht und Trauer. Meine Träume und Albträume kreisen um das Musizieren. Musik verlangt einfach bedingungslose Hingabe.

So war es mir ein Anliegen, meiner Frau vor unserer Hochzeit zu erklären: „Auch wenn ich dich über alles liebe, die Musik wird bei mir wohl immer an erster Stelle stehen." Die Schwierigkeit dieser Aussage ist mir durchaus bewusst, ebenso wie die außerordentliche Besonderheit, dass meine Frau so wunderbar mit dieser Prämisse umzugehen weiß. Ohne meine Frau, die mich genau kennt, tief versteht und mich mit Rat und Tat auch in allen meinen beruflichen Höhen und Tiefen begleitet, wäre es mir nicht möglich, meinen Beruf so auszuüben, wie ich es tue. Aber mein ganzes Leben lang habe ich erfahren, dass mir nichts so viel bedeutet wie jene berührenden Momente, die ich in der Musik erleben darf. In der Musik habe ich Zustände erfahren, die ich im „wahren Leben" wohl nie erleben könnte. Dabei genieße ich meine Partnerschaft, meine Freundschaften und gute Gespräche durchaus, aber mein Leben ist eben auch davon geprägt, dass Musik für mich immer Priorität haben wird. Ein Umstand, der für Menschen, die mir nahestehen, nicht immer leicht ist.

Hinzu kommen die körperlichen Strapazen, die Profimusiker für ihre Kunst in Kauf nehmen. Ich kenne keinen Kollegen, dessen Körper nicht durch seine Arbeit angegriffen wäre. Auch mich führt das Dirigieren regelmäßig an körperliche Grenzen. Ich erinnere mich an Auftritte mit einem Schulter-Sporn, die ich nur mit großer Disziplin und zum Teil unter Einfluss starker Schmerzmittel bewältigen konnte. Aber Proben oder Auftritte abzusagen, ist keine Option – zu groß ist unsere Sucht nach der Schönheit und Größe der Musik.

III. MÄRKTE DER MUSIK

Ich bin der festen Überzeugung, dass auch viele Zuhörer von Musik eine ähnlich große Leidenschaft haben. Zuhörer – ob Publikum oder Kritiker – erwarten von unseren Interpretationen Antworten auf existenzielle Fragen. Wer dem Publikum ein solch intensives Zuhören abverlangt, darf sich nicht wundern, wenn es zuweilen auch erbost, wütend oder persönlich angegriffen von unserer Arbeit ist.

Doch sowohl bei uns Musikern als auch bei unseren Zuhörern gibt es zwei weitere Faktoren, die man nicht unterschätzen darf, die allerdings nur wenig mit der Musik an sich zu tun haben: die Eitelkeit und Selbstüberschätzung, die bisweilen den Eindruck von Besserwisserei vermittelt.

Wie gesagt, bin ich der Überzeugung, dass Kritik eine wesentliche Bedeutung für die Geschichte der Musik hat. Mich ärgert allerdings der Trend der vermeintlichen „Objektivierung" der Kritik, der besonders seit den 8oer-Jahren das Feuilleton bestimmt. Kritik, die ihren Lesern vorgaukelt, objektiv zu sein, ist so absurd wie die Behauptung, dass nur eine einzige Lesart der Beethoven-Symphonien zulässig wäre. Aber Musik stellt nicht nur Entweder-oder-Fragen, sondern kennt das Sowohl-als-auch. Für mich ist es wichtig, dass die Kritik und die Kritiker wieder den Mut zu Aussagen finden, die sozusagen nicht mit heruntergelassenem Visier formuliert werden, sondern auch das Wort „Ich" beinhalten. Die radikale Subjektivität hat schließlich schon Heinrich Heine und Friedrich Nietzsche ausgezeichnet. Das „Ich" in der Rezension würde auch die Auseinandersetzung zwischen Künstlern und Kritikern vereinfachen. So müssten wir uns nicht einer vermeintlichen Gerichtsverhandlung gegenübersehen, sondern der Meinung eines von Musik begeisterten Menschen. Dann wäre der Kritiker ein Partner im Geiste, mit dem man leidenschaftlich über unterschiedliche Interpretationen debattieren könnte, mit gleicher, ungebändigter Leidenschaft für das gleiche Ziel – die Musik.

Es wäre ja auch absurd zu glauben, dass ich aufgrund einer Kritik am nächsten Tag vollkommen anders dirigieren würde. Am Abend einer Aufführung liegen bereits viele Wochen hinter mir, in denen ich mich intensiv mit der Partitur beschäftigt habe, mich mit den Musikern ausgetauscht und in Proben die Praxistauglichkeit meiner Ideen überprüft habe. Es wäre gar nicht möglich, am nächsten Tag – nach der Lektüre eines Verrisses – ein vollkommen anderes Konzept zu verfolgen.

Kein Künstler will ausgebuht werden. Wir machen unsere Kunst, um die Menschen zu begeistern, nicht um sie zu enttäuschen. Ich erinnere mich an einen Auftritt mit *Fidelio* 1991 an der Deutschen Oper Berlin. Am Ende der Aufführung trat ich vor den Vorhang und stand zum ersten Mal in meinem Leben einer gigantischen Wand aus Buh-Rufern gegenüber. Ich wusste gar nicht, wie mir geschah und war vollkommen konsterniert. Ich konnte mir die Wut nicht erklären. Am nächsten Morgen ließ mich der Intendant Götz Friedrich zu sich rufen: „Lieber Herr Welser-Möst, die Künstler werden hier weder vom Publikum noch von der Presse engagiert, sondern vom Intendanten!" Für diesen tröstlichen Satz werde ich diesem großen Mann der Oper mein Lebtag dankbar sein, zumal ich später erfuhr, dass es gar nicht um die musikalische Seite des Abends ging, sondern um persönliche Ränkespiele, um Berliner Personalpolitik, um einen Streit zwischen Götz Friedrich und dem Dirigenten Giuseppe Sinopoli, in den ich allein durch meine Anwesenheit hineingeraten war. Das Buhkonzert hat mir dennoch damals gezeigt, wie schwer es ist, derart emotional geballten Widerspruch auszuhalten.

Es scheint fast schon ein Ritual zu sein, Regisseure am Schluss einer Premiere auszubuhen. Ich habe beispielsweise miterlebt, wie die in Ansätzen höchst interessante und leidenschaftlich durchdachte Inszenierung von *Fidelio* von Claus Guth bei den Salzburger Festspielen 2015 ausgebuht wurde – und ich habe bei der Premierenfeier gesehen, wie tief verletzt und verunsichert er

Die Sehnsucht nach perfekten Klängen
ist stärker als die nach Applaus

war. Doch so schwer es in dem jeweiligen Moment auch auszuhalten ist, die Buhs können durchaus auch als Auszeichnung verstanden werden, denn sie zeigen eben auch, dass eine Aufführung das Publikum emotionalisiert hat, dass dieses individuelle Erwartungen mitgebracht hat und die musikalische und szenische Lesart eines Abends am Ende sehr persönlich genommen hat. Das alles ist durchaus verständlich, da sehr Intimes verhandelt wird: die ganz großen Gefühle. Manchmal frage ich mich, wie oft sich ein Mensch überhaupt auf so intime Momente mit anderen Menschen einlässt wie während eines Konzertes oder einer Oper. Auch das sollte uns Künstlern bewusst sein: dass wir mit unserer Arbeit den Gefühlswelten unserer Zuhörer fast unverschämt nahekommen.

Musik ist eben nicht nur eine „Philosophie in Tönen", von der ich gern spreche, sie ist immer auch unmittelbar und berührt uns direkt und im wahrsten Sinne des Wortes. Musik kann unter die Haut gehen. Sie kann uns überwältigen. Das ist ein fragiler und verletzlicher Zustand, der viel zu oft unterschätzt wird.

Es gibt ganz unterschiedliche Formen des Zuhörens: Es gibt den unkonzentrierten Zuhörer, den Schwelger, den Mitdirigierer oder denjenigen, der im Laufe eines Konzerts tatsächlich Raum und Zeit vergisst und sich irgendwann mitten in der Musik befindet, vom Klang umgeben. Einmal während eines Konzertes des Gustav Mahler Jugendorchesters (dessen Assistent ich in seinen Anfangsjahren war) in Paris mit Anton Weberns *Orchesterstücken op. 6* saß der große Pierre Boulez vor mir. Claudio Abbado dirigierte. Nur eine Sekunde, nachdem die letzte Note verklungen war, drehte sich Boulez zu seinem Sitznachbarn und flüsterte: „112 Fehler!" Ich frage mich bis heute, ob das Zuhören mit der zwanghaften Suche nach Fehlern nicht auch eine Last sein kann.

Das Publikum hat am Ende einer Aufführung das Recht, mitgenommen zu sein, wütend zu sein und auch zu buhen. Das müssen wir Dirigenten und auch die Regisseure aushalten. Aber viel überwältigender als der Applaus ist für uns Musiker die Stille nach dem letzten Ton. Ich habe das einmal nach einer Aufführung der *5. Symphonie* von Beethoven mit dem Cleveland Orchestra in Hamburg erlebt: Nach der letzten Note war er da, dieser Zustand des Aus-der-Welt-Seins, der Moment, in dem die Zeit stehenbleibt. Kein Applaus. Kein Mucks im Publikum. Die absolute Stille des Staunens als Augenblick der Unendlichkeit. Als Moment, in dem die Gefühle so verwirrt sind, dass sie sich erst einmal ordnen müssen. Ich weiß nicht, wie lange die Stille andauerte, bevor der Applaus losbrach. Aber ich weiß, dass derartige Augenblicke sehr besonders und selten sind.

Der Applaus freut jeden Künstler, bei mir überwiegt jedoch die Sehnsucht nach perfekten Klängen. Ich muss gestehen, dass man als Künstler süchtig werden kann nach musikalischen Momenten, in denen der Rausch der Stille plötzlich allgegenwärtig ist.

Es ist jedoch auch wichtig, Phasen der Ruhe zu haben, Abstand zu gewinnen, um nicht von der Sucht nach Klang aufgerieben zu werden. Darum habe ich mir seit 1995 angewöhnt, nachdem ich zehn Jahre hindurch fast nur aus dem Koffer gelebt hatte, regelmäßig Zeit der Sammlung und Muße zu nehmen. Immer, wenn ich auf Urlaub gehe, braucht es ungefähr zehn Tage, bis das „innere Tonband" in meinem Kopf aufhört, Musik der vorhergegangenen Wochen abzuspielen.

Man kann die emotionale Kraft der Musik gar nicht unterschätzen. Weder die Kraft, die sie auf uns Musiker ausübt, noch die Kraft, die sie für das Publikum und die Kritik hat. Musik berührt unsere intimsten Gefühle, in ihr sind wir schutzlos. Und vielleicht hilft schon diese Erkenntnis, um den einen oder anderen Streit um die Kunst des Klanges auf eine etwas gesündere Basis zu stellen.

Dritte Wanderung

Geist der Stille

Ich ziehe mich gern zurück. Und ich bin froh, dass ich in der Lage war, mir einen eigenen Rückzugsraum zu planen und zu bauen: meine Bibliothek, die hinter unserem Haus am Attersee steht. Ein großes, viereckiges Haus mit Büchern: Belletristik, Sachbücher, Philosophie – und Partituren. All das auf zwei Ebenen, mit einem Wandelgang, dessen Seiten in der Mitte durch eine Art Brücke miteinander verbunden sind. Darin stehen lediglich ein großer Arbeitstisch aus Holz und eine Sitzecke am Fenster sowie eine alte Rarität, die ich von meiner Großmutter geerbt habe – ein Werkl, der Vorgänger eines Plattenspielers. An den Wänden hängen neben zeitgenössischer Kunst die Bilder meiner Vorfahren und ein von meinem Vater angefertigter Stammbaum der Familie. Mehr nicht.

Bibliotheken haben mich seit jeher magisch angezogen, egal, ob es barocke, hölzerne Büchersäle mit gedrechselten Wendeltreppen in alten Klöstern waren oder hochmoderne Nationalbibliotheken wie jene in Paris. Sie sind Räume voller Wissen. Orte, an denen die Menschen flüstern. Sie bieten uns Regale voller Möglichkeiten zur Konzentration und zur Kontemplation. Vor tiefem Wissen in guten Büchern habe ich immer schon Ehrfurcht gehabt. Als ich vor zehn Jahren dem legendären Kritiker Karl Löbl in einem Wiener Kaffeehaus von meinem Plan, so eine Bibliothek zu bauen, erzählte, meinte er lapidar: „Das ist der Unterschied zwischen Ihnen und so manch anderen, die sich für dieses Geld einen Ferrari kaufen würden."

Tatsächlich reise ich in meiner Bibliothek ebenfalls, wenn auch auf anderen Wegen als in einem schnellen Auto. Ich fahre durch die Zeiten, von den meditativen Mönchen des Mittelalters bis zu den

Visionären der postmodernen Gesellschaft, ich reise durch unterschiedliche Genre-Landschaften, von der polierten Hochhauswelt der Finanztheorie über die Philosophie eines Mark Aurel bis zum Bildband über die Bergwelt.

In einer Bibliothek verschmelzen Zeit und Raum, und alles kann hier mit allem in Verbindung gebracht werden, vollkommen frei und vollkommen analog: die Opern von Richard Strauss mit der griechischen Antike, die Opern Mozarts mit den Werken von Voltaire und Rousseau, die „Kugelgestalt der Zeit" in einer Oper wie Bernd Alois Zimmermanns *Die Soldaten* mit Augustinus' *Confessiones* und Heideggers *Sein und Zeit*, oder die Symphonien von Gustav Mahler mit den Gedanken zur Psychoanalyse eines Sigmund Freud.

Ich genieße es besonders, oft auch ganz zufällig auf Querverbindungen zu stoßen, etwa als ich neulich einen Essay des amerikanischen Kunstkritikers Clement Greenberg gelesen habe. Greenberg war ab den 1930er-Jahren der einflussreichste Begleiter des abstrakten Expressionismus. Bereits 1989 hat er diesen Satz geschrieben, der mich sehr beeindruckt hat: „Effekt wird zu Inhalt, er ersetzt die Substanz." Ist das nicht ein Zustand, der auch heute wieder auf die Szene der klassischen Musik unserer Tage so oft zutrifft?

All das könnte sich anhören, als wäre ich ein Einsiedler oder sogar ein Misanthrop, was freilich nicht der Fall ist. Ich habe mich immer gewundert, wenn Herbert von Karajan im Musikverein stand, verloren und einsam, obwohl er von so vielen Menschen umringt war. In diesen Momenten wurde mir klar, wie einsam man selbst in der Gesellschaft von anderen sein kann und ich um diesen Preis nie Karriere machen wollte.

Ich unterscheide ziemlich streng zwischen dem Dirigenten Franz Welser-Möst als öffentliche Person und mir als Privatperson. Bei öffentlichen Auftritten, bei Empfängen oder Bällen habe ich mir einen Schutzmechanismus angewöhnt. Ich bin der festen Auffassung, dass ein Smalltalk noch keine Berechtigung für freundschaftliche Nähe ist, weshalb ich mir in diesen Fällen eine freundliche

Unverbindlichkeit angewöhnt habe. Allein, um mich und meine Frau zu schützen. Gleichzeitig pflegen wir aber sehr intensive und lang anhaltende Freundschaften, von denen manche weit zurückreichen.

Ich glaube, beides ist für unseren Beruf wichtig: die Wahrhaftigkeit von Freundschaft, die nicht durch die Oberflächlichkeit des Jetset entwertet ist, und die Möglichkeit des Rückzugs in die Stille der Kontemplation. In meinem Fall ist es neben dem Gang in die Natur der Weg in meine Bibliothek, der mich am besten zu mir selbst führt. Ich befürchte, dass viele Menschen verlernt haben, sich intensiv mit Dingen auseinanderzusetzen, abzutauchen und in neue Gedanken zu versinken. Zu groß sind die Verlockungen der allgegenwärtigen Ablenkung. Auch hier glaube ich an Maß und Mitte, aber eines halte ich zu jeder Zeit für existenziell wichtig: Das, was man gerade tut, sollte man mit aller Hingabe und Konzentration tun – im Leben ebenso wie in der Musik.

∞

IV.

KÜNSTLER UND DIE MUSIK

Vom Produzieren des Klanges

Lernen von Legenden

Weder mein Lehrer Balduin Sulzer noch ich waren je Freunde der Idee von Wettbewerben. Aber der Dirigierwettbewerb, den Herbert von Karajan bereits 1969 in Berlin ins Leben gerufen hatte, schien mir aufregend zu sein. Und so habe ich mich 1979 als Teilnehmer jugendlich unbekümmert angemeldet. Nach einigen Runden stand ich plötzlich (ich war gerade einmal 19 Jahre alt) im Finale. Vor der letzten Runde kam Albert Moser, der damalige Generalsekretär des Musikvereins Wien und Mitglied der Jury, zu mir und erklärte, dass man mich für „sehr begabt" hielte, ich aber verstehen müsse, dass ich „viel zu jung" sei, um einen Preis zu erhalten. Das traf mich damals wie ein Schlag in die Magengrube.

Es wird oft vergessen, wie sehr Karajan sich um den musikalischen Nachwuchs gekümmert hat. Mariss Jansons oder Valery Gergiev waren Gewinner seines Dirigierwettbewerbs, und er war es, der Musiker wie Anne-Sophie Mutter entdeckt, gefördert und bekannt gemacht hat. Nun stand er plötzlich vor mir. Ich erinnere mich an seinen schicken Kamelhaarmantel und seine grauen, nach hinten gekämmten Haare. Karajan war damals 71 Jahre alt und sagte zu mir: „Wann immer Sie wollen – kommen Sie in meine Proben. Und wenn ich etwas für Sie tun kann, dann rufen Sie mich einfach an." Auf meine Frage, welche Hochschule er mir fürs Studium empfehlen würde, meinte er, München oder Berlin wären für mein Fortkommen am besten.

Schließlich entschied ich mich gegen ein Studium in Berlin und für eine Ausbildung in München, weil ich durch die geografische Nähe zu Linz mein Jeunesse-Orchester weiterführen konnte. Während des Studiums nutzte ich jede freie Minute, um bei den Proben und Vorstellungen von großen Dirigenten dabei zu sein. Heute, wenn junge Studenten zu mir kommen, frage ich des Öfteren, welche Aufführungen sie in den letzten Wochen gehört haben. Viele antworten: „Ich hatte gar keine Zeit dafür, das Studium beschäftigt mich so sehr, dass ich das einfach nicht schaffe." Eine solche Haltung kann ich nicht verstehen! Musik aufzusaugen, andere Dirigenten bei der Arbeit zu beobachten – kann es ein spannenderes und wichtigeres Studium geben?

Bei mir war es jedenfalls so, dass ich den Unterricht an der Musikhochschule zwar in den meisten Fächern ernst genommen habe, die Möglichkeit, anderen Dirigenten zuschauen zu können, mir aber mindestens genauso wichtig war. Ich habe die Freiheit während des Studiums genossen und kann durchaus behaupten, dass meine Lehrer zwischen 1980 und 1984 nicht nur die Professoren der Münchner Musikhochschule waren, sondern indirekt auch die Dirigenten-Größen Leonard Bernstein, Sir Georg Solti, Sergiu Celibidache, Bernard Haitink, Carlos Kleiber oder Wolfgang Sawallisch.

Über Karajan gibt es viele Legenden. Jene, die davon erzählt, dass er ein Meister darin war, sein Image zu pflegen, ist sicherlich wahr. Der dirigierende Maestro, der seine Orchester mit geschlossenen Augen führte, wurde zu einer Art Markenzeichen. In der Probenarbeit war Karajan aber ein sehr sorgfältiger und akribischer Musiker, der es vor allen Dingen schaffte, seine Gedanken perfekt auf ein Orchester zu übertragen.

Was mich besonders faszinierte, war die Klarheit und konkurrenzlose Effizienz seiner Arbeit. Karajan konnte mit nur einem

Satz den Orchesterklang vollkommen verändern. Ich erinnere mich an eine Probe für eine Bruckner-Symphonie. Herbert von Karajan forderte ein maximal schnelles und aufgeregtes Tremolo von den Geigen. Er winkte das Orchester ab, schaute kurz auf und sagte: „Sind Sie je in ein Wespennest gestiegen?" Dann dirigierte er einfach weiter und bekam sofort, was er wollte: ein wunderbar nervöses Summen und Brummen. Kurz gesagt: Herbert von Karajan war ein Wunder an Effizienz!

Er konnte aber auch streitbar sein. In den Proben zu *Lohengrin* für die Osterfestspiele 1984 in Salzburg saß ich, auf seine Aufforderung hin, direkt hinter ihm im Großen Festspielhaus. Das war zu jener Zeit, als die Spannungen zwischen dem großen alten Mann und seinen Berliner Philharmonikern bereits spürbar in der Luft lagen. In einer dieser Proben wollte er, dass die Geigen ein Fortepiano mit dem ganzen Bogen schnell durchstreichen. Daraufhin brach ein Tumult los – es war der buchstäbliche Funke, der das Pulverfass zum Explodieren brachte. Was für eine Szene: Orchestermitglieder, die von ihren Stühlen aufsprangen und Karajan anschrien, und er, der mit versteinerter Miene dasaß. Ich machte mich auf meinem Platz so klein wie möglich. Nachdem sich der Lärm gelegt hatte, sagte Karajan mit bewundernswert ruhiger Stimme: „Heißt das, dass wir in Zukunft abstimmen müssen, ob wir piano spielen oder nicht?"

Rätselhaft ist mir bis heute, wie er und das weltberühmte Orchester nach dieser Szene nicht nur höchst professionell, sondern auch mit unvorstellbar schönen Wagner-Klängen weiterspielen konnten. Es sollte daher ebenfalls erwähnt werden, dass die Berliner Philharmoniker Karajan in den Proben und Aufführungen klanglich stets das gegeben haben, wonach er verlangte – selbst in dieser späten Phase, als es an vielen Stellen bereits persönliche Reibereien zwischen dem Orchester und ihm gab. Die Musik war für beide Seiten größer als der zwischenmenschliche Zwist.

Letztendlich war Herbert von Karajan aber auch ein Meister der Psychologie. Kurz vor Pfingsten des gleichen Jahres war er in Wien und nahm in der Wiener Hofburg Vivaldis *Vier Jahreszeiten* mit Anne-Sophie Mutter und den Wiener Philharmonikern auf. Die Pfingstfestspiele in Salzburg standen vor der Tür: Drei Konzerte der Berliner Philharmoniker mit Lorin Maazel, Seiji Ozawa und Herbert von Karajan waren angesetzt, für die ich als Coverdirigent engagiert war. Der Krach zwischen den Berlinern und Karajan befand sich auf seinem Höhepunkt, und er hatte sie für sein Konzert in Salzburg aus- und die Wiener eingeladen. Für den ersten Teil hatte er die *Vier Jahreszeiten* mit Anne-Sophie Mutter auf das Programm gesetzt und für den zweiten Teil die *1. Symphonie* von Johannes Brahms, für die eine einzige Probe am Pfingstsamstag im Musikverein Wien vorgesehen war. Ich konnte auch diese faszinierende Probe aus einer Loge nahe der Bühne beobachten. Karajan probte nur Teile aus der Symphonie, die ihm anscheinend wichtig waren, und sagte nach 45 Minuten: „Danke, meine Herren!" Da war er, der Meisterpsychologe: Er hatte gar nicht die ganze Symphonie durchspielen lassen und signalisierte damit den Musikern grenzenloses Vertrauen im Wissen, dass sie beim Konzert alles geben würden. Gerhart Hetzel, der erste Konzertmeister, und andere Musiker sprangen auf und baten, ja verlangten von ihm, dass eine Akustikprobe am nächsten Vormittag in Salzburg vor dem Konzert stattfinden sollte. Karajan sagte seelenruhig: „Sie kennen doch die Akustik des Großen Festspielhauses." Er ließ sich aber dann doch sehr schnell dazu „überreden". Ich weiß nicht, ob ich je wieder in meinem Leben eine so intensiv musizierte *1. Symphonie* von Brahms gehört habe. Die Wiener Philharmoniker haben in dieser höchst angespannten Konkurrenzsituation mit ihren Kollegen aus Berlin alles an Klangschönheit und Musizierleidenschaft aufgebracht, deren sie fähig sind.

Nach der Ära Karajan ging man in Berlin einer neuen Zukunft entgegen. Es gehört wohl unweigerlich zur Entwicklung großer

Institutionen, dass sie ihre Überväter zunächst einmal symbolisch töten müssen, um sich zu befreien. Deshalb war es nur logisch, dass auf Herbert von Karajan ein dirigentischer Gegenpol folgte: Claudio Abbado wurde Chefdirigent der Berliner Philharmoniker. Bei seinem Antritt begrüßte er das bis dahin streng hierarchisch auf den Dirigenten ausgerichtete Orchester mit den revolutionären Worten: „Hallo, ich bin Claudio." Größer können Gegensätze nicht sein.

Ich durfte Claudio Abbado zwischen 1985 und 1986 assistieren, als er – nach seiner Zeit an der Mailänder Scala – Generalmusikdirektor in Wien wurde. Abbado war bekanntlich kein Probendirigent, er vertraute – und das oft zu Recht – auf seine Fähigkeit, eine Aufführung am Abend mit Leben und Feuer zu erfüllen. Was mich an ihm besonders beeindruckte, war sein Umgang mit dem vermeintlich Profanen in der Musik. Am besten kann man das bei seinen Verdi-Interpretationen sehen. Abbado machte unmissverständlich klar, dass er jede Note ernst nahm, und sei es die kleinste Pizzicato-Begleitung der zweiten Geigen. Ein ewiges Rubato gab es bei ihm nicht, ebenso wenig ein Verwischen der Kontur. Nicht einmal für Weltstars machte Claudio Abbado eine Ausnahme. Als Luciano Pavarotti einen hohen Ton in einer Probe zu *Un ballo in maschera* um des Effektes willen länger halten wollte, stand Abbado im Graben und winkte das Orchester und den Tenor mit der Strenge eines Verkehrspolizisten ab. Es war großartig, das anzuschauen.

Herbert von Karajans Angebot, dass ich ihn anrufen dürfe, wenn ich Hilfe bräuchte, habe ich übrigens in jugendlichem Ungestüm tatsächlich in Anspruch genommen. Ich hatte mich als Generalmusikdirektor in Ulm beworben, wo ja auch Karajans Karriere begonnen hatte. Ich wollte damals unbedingt an die Oper, was sich erst zwölf Jahre später in Zürich erfüllen sollte. So dachte ich, er könnte mir vielleicht weiterhelfen. Es kostete mich allerhand Überwindung, aber dann rief ich beim Portier im

Berliner Hotel Kempinski an, wo Karajan zu wohnen pflegte, und wurde sogar verbunden. Aus der Stelle wurde zwar nichts, aber später habe ich erfahren, dass Herbert von Karajan den Ulmer Bürgermeister tatsächlich angerufen hat, was mich bis heute erstaunt.

Individuum und Macht

Es gibt ganz unterschiedliche Arten von Vorbildern, die großen, weltbekannten Stars, aber eben auch jene, die einen persönlich und direkt begeistern und beeinflussen. Solche Vorbilder waren für mich Balduin Sulzer, aber auch ein Dirigent wie Kurt Wöss, der Ende der 60er-Jahre die Leitung des Bruckner Orchesters in Linz übernommen hat und mit diesem Ensemble auch im neu eröffneten Brucknerhaus auftrat. Zuvor hatte das Orchester in einer Turnhalle gespielt. Die Lebensgeschichte von Kurt Wöss ist interessant: Seine Karriere begann – nicht ganz unumstritten – in der Nazi-Zeit, nach dem Krieg leitete er zunächst das Tonkünstler-Orchester Niederösterreich, und in den 1950er-Jahren ging er als erster Chefdirigent des NHK-Sinfonieorchesters nach Tokio und wurde hier zu einem der ersten Klassik-Pioniere in Japan. Ich erinnere mich an zahlreiche wunderbare Konzerte mit ihm, der für mich den Typ eines Grandseigneurs verkörperte. Ebenso blieben mir Konzerte mit dem jungen überbordenden Theodor Guschlbauer in lebhafter Erinnerung, dem Generalmusikdirektor in Linz während meiner Zeit am Musikgymnasium. Sowohl er als auch Wöss waren leidenschaftliche Kämpfer dafür, einem regionalen Publikum hochklassige Musik nahezubringen.

Auch auf der internationalen Bühne ist es interessant zu beobachten, dass oft zur selben Zeit sehr gegensätzliche Persönlichkeiten die Musikgeschichte prägen, Charaktere, zwischen denen sich die Extreme eines Zeitgeistes zu entspannen scheinen. Ich denke dabei an ein Doppel wie Wilhelm Furtwängler und Arturo Toscanini – sie waren nicht nur politisch, sondern auch ästhetisch vollkommene Antipoden.

Nach dem Krieg war es das Zweigestirn Herbert von Karajan und Leonard Bernstein: Auf der einen Seite Karajan als Jetsetter, als Marketing-Genie, ein Vorreiter, Opern in der Originalsprache aufzuführen, und – wie ich bereits beschrieben habe – ein pedantischer Orchesterarbeiter. Auf der anderen Seite Leonard Bernstein, der zudem ein genialer Komponist war. Er stand für Intellekt, aber auch für hedonistische Hemmungslosigkeit, für eine Mischung aus Apollo und Dionysos, wobei er dem zweiten mehr zuneigte. Vielleicht kann man diesen Ausnahmekünstler am besten mit dem Titel des „Ich-Musikers" kennzeichnen, als Genie, das seinen eigenen Kosmos kreierte und vollkommen neue Welten eröffnete, zum Beispiel jene zu Gustav Mahler. Bernstein revolutionierte die Rezeption seiner Musik. Als Student hatte ich oft *Also sprach Zarathustra*, *Till Eulenspiegel* und andere Tondichtungen von Richard Strauss gehört, Mahlers Symphonien jedoch galten damals noch als „billig" und als „emotionaler Kitsch". Von diesen absurden Vorwürfen hat Bernstein Gustav Mahler für die Musikwelt befreit und damit ein weites Feld geöffnet, auf dem wir uns auch heute noch mit großer Begeisterung bewegen.

In meiner Münchner Studentenzeit durfte ich auch Leonard Bernstein einige Male bei der Arbeit beobachten, etwa bei Proben zu den legendären konzertanten Aufführungen von *Tristan und Isolde* mit dem Symphonieorchester des Bayerischen Rundfunks. Es war faszinierend, sein Charisma zu studieren. Es war nicht nur seine Lässigkeit, seine tänzelnde, lachende Art. Er überzeugte das Orchester viel mehr durch seine unendliche Bildung, erklärte den Bläsern den Ursprung des Klanges, zitierte nebenbei Goethes *Faust* und wanderte in seinen Erklärungen en passant durch die Musikgeschichte. Das Schönste war, dass er aus seinem Wissen niemals eine akademische Vorlesung machte, es war eben einfach vorhanden und unterhaltsame Geschichten sprudelten nur so aus ihm heraus. Es gibt wohl keine faszinierendere Paarung als die von Emotionalität und Wissen. Aber es gab bei Leonard Bernstein auch das etwas amüsante Gegenteil: Einmal kam er nach einer offensichtlich sehr langen und sehr ausgelassenen Nacht zur Probe einer seiner eigenen Symphonien. Nach relativ kurzer Zeit schaute er ins Orchester, strich sich durch das Haar, lachte und sagte dann mit rauer Hangover-Stimme: „Sorry, jetzt habe ich sogar meine eigene Musik vergessen. Gehen Sie nach Hause!"

Vielleicht fehlt in der Konstellation von Karajan und Bernstein noch Sergiu Celibidache als dritter Pol. Auch ihn habe ich als Student in München immer wieder erleben können, er war damals Chefdirigent der Münchner Philharmoniker. Celibidache war schon von seiner Erscheinung her anders als Herbert von Karajan. Dessen Ankunft erkannte man zwar durch die große Entourage, die ihn immer umgab, Karajan selbst aber saß oft ganz allein und in sich versunken in der Ecke eines Saals. Celibidache dagegen füllte jeden Saal, indem er ihn nur betrat. Die Münchner Philharmoniker waren zu dieser Zeit vollkommen auf seine Person ausgerichtet, ein reines „Celi-Orchester". Und dieser Celi nahm sich, was er für seine Kunst brauchte, zum Beispiel rund zwölf Proben für jedes neue Programm. Sergiu Celibidache war ein genialer Zirkusdirektor, ein Dompteur. Wenn man Herbert von Karajan als Klangmagier beschreibt, war Celibidache so etwas wie der Meister der musikalischen Autopsie: Er legte jeden einzelnen Nervenstrang einer Partitur frei, zuweilen allerdings auf Kosten der Lebendigkeit seiner Interpretation.

Celibidache probte in der Regel lautstark und ohne Rücksicht auf Verluste. Er hatte kein Problem damit, einen einzelnen Musiker vorzuführen. Die Kupferringe, die er von irgendeinem Schamanen bekommen hatte, klapperten bei jedem Auftakt an seinem Arm, und er genoss es, Psychospiele mit dem Orchester zu betreiben. Bei den Proben zu Anton Bruckners 4. *Symphonie* habe ich erlebt, wie er das Orchester mit einem mürrischen „Guten

Morgen" begrüßte, sich auf seinen Stuhl setzte, den Stab hob, ihn senkte und gleichzeitig schrie: „ZU LAUT!" Die zweiten Geigen und die Bratschen hatten noch nicht einen Ton gespielt. Das ist auch eine Art, dem Orchester ein Tremolo, ein kollektives Zittern, abzuverlangen.

Celibidache wird für seine Bruckner-Interpretationen oft gefeiert. Mich persönlich hat er eher mit anderen Komponisten überzeugt. Seine Deutung von Bruckners Werken kommt mir oft vor, als dirigiere er drei langsame und einen sehr langsamen Satz. Mir gefiel Celibidache viel besser, wenn er Klangfarben erzeugte, also bei Ravel oder Debussy.

Egal, ob Bernstein, Karajan oder Celibidache, wir hatten es mit einer Dirigentengeneration zu tun, die sich gern als Autorität verstand. Ein Musikertypus, dem man wahrscheinlich auch jemanden wie Kurt Masur zurechnen kann, der in Leipzig durchaus herrisch regiert haben soll. Mich befremdet es, wenn einige Orchester sich auch heute noch solche Herrschertypen als Dirigenten wünschen. In der Regel meinen sie damit Personen, die ohne Wenn und Aber ihren Stil durchsetzen, die sagen, wo es langgeht, und denen man – mit ausgeschaltetem Gehirn – folgen kann. Dirigenten, die vom Orchester und vom Publikum gern als Messias verehrt werden. Ich glaube, dass dieser Zustand gerade heute nicht lange gut gehen kann, weil dies eine Abkoppelung von der Gesellschaft bedeuten würde. Musikmachen heute kann nur ein Miteinander sein.

Elias Canetti hat dem Berufsstand des Dirigenten in seiner großartigen Schrift *Masse und Macht* ein ganzes Kapitel gewidmet. Er schrieb das Buch unter dem Eindruck des Zweiten Weltkrieges und der Nazi-Diktatur, und für ihn war der Dirigent ein Phänotyp der Macht, ewig drohend und im Herzen eiskalt. „Es gibt keinen anschaulicheren Ausdruck für Macht als die Tätigkeit des Dirigenten", schrieb er. Der Dirigent sei ein „allmächtiger Wächter über Klang und Stille", ein Autokrat, der schalten und walten könne, wie er wolle, ein Herrscher über Orchester und Publikum gleichermaßen. Sergiu Celibidache hätte Elias Canetti wahrscheinlich zugestimmt, schließlich stammte von ihm das Zitat, dass Dirigenten in Wahrheit „Diktatoren" seien, „die sich glücklicherweise mit Musik begnügen".

Das Thema hat mich im Verlauf meiner verschiedenen Stationen immer wieder beschäftigt. Eine Besonderheit in der westlichen Orchesterwelt stellt das System in Cleveland dar, bei dem der Musikdirektor mit singulärer Macht ausgestattet ist. Er hat dort die totale Personalhoheit, sprich, er allein entscheidet letztendlich nach dem Probespiel und anschließender Beratung mit einem Komitee aus Musikern, wer in das Orchester aufgenommen wird. Ich höre sehr genau auf die Argumente, die bei diesen Beratungen vorgebracht werden, meine Entscheidung ist dann aber eine einsame. Diese Einsamkeit macht die von mir getragene Verantwortung umso größer. Für ein Spitzenteam wie in Cleveland bedeutet es, in Personalfragen auf keinen Fall Kompromisse einzugehen, denn ein Kompromiss bleibt schlussendlich immer ein Kompromiss. Jede Entscheidung ist mit dem Ziel zu treffen, dass sie das künstlerische Niveau hebt. Die Leitlinien für eine Neuanstellung sind selbstverständlich die Beherrschung des Instrumentes auf höchstem Niveau, die Musikalität eines Kammermusikers – also ein permanentes Hinhören auf die anderen verbunden mit höchster Wachsamkeit – und die Bereitschaft, sich in dieses Kollektiv einzuordnen und den Zielen der Institution unterzuordnen.

Als Inhaber einer Führungsposition muss ich für die anderen da sein und darf nicht erwarten, von ihnen bedient zu werden. Ein alter italienischer Spruch lautet: „Der König ist der erste Diener am Volk." Auch der Dirigent sollte sich als Diener und nicht als Herrscher definieren. Mein Verständnis von Macht bedeutet, dass ich mich in den Dienst der Institution stelle. Das Wichtigste aber ist für mich der Respekt gegenüber allen, die mitarbeiten und die durch ihre Fähigkeiten und ihre Arbeitskraft zur Verwirklichung der

Der Dirigent soll dienen, nicht herrschen: Franz Welser-Möst
in Cleveland bei Proben zu *Ariadne auf Naxos*

gemeinsamen Ziele beitragen. Respekt beruht auf Gegenseitigkeit, er kann nur dann eingefordert werden, wenn man selbst bereit ist, ihn anderen zu erweisen. Ein Ausdruck von Machtmissbrauch ist demnach mangelnder Respekt. Als Dirigent wäre es in einer Probe – angesichts der musikalischen Komplexität, mit der wir es in einer Partitur zu tun haben – ein allzu Leichtes, einen einzelnen Musiker vorzuführen und ihn in ein schlechtes Licht zu rücken. Zuweilen möchte man damit vielleicht auch einen eigenen Fehler überdecken. Die Versuchung ist groß, das Ego verführt uns nur allzu gerne dazu. Es fällt aber einem Dirigenten kein Stein aus der Krone, sich für einen begangenen Fehler zu entschuldigen.

Für mich besteht die Autorität eines Dirigenten in erster Linie in der verführerischen Überzeugungskraft seines Wissens und kann nur den Zweck haben, Orchester und Publikum für ein gemeinsames Hören zu begeistern. Ich würde es so präzisieren: Im optimalen Fall arbeiten Dirigenten gemeinsam mit einem Orchester daran, die Aussage eines Werkes hörbar werden zu lassen. Es geht nicht darum, irgendetwas zu bestimmen, sondern darum, ein Orchester durch Wissen zu verführen. Es geht auch nicht darum, irgendwelche Anweisungen an die jeweiligen Pulte zu verschicken, sondern zuzuhören – also den Klang zu modellieren, den die Musiker anbieten. Musizieren ist Dialog und Respekt vor dem Handwerk anderer. Deshalb muss die Grundeinstellung eines Dirigenten sein: „Ich kann zwar nicht Oboe spielen, aber ich habe eine Idee, wie man eine musikalische Phrase spielen könnte."

In der Regel sind Orchester sehr gut darin zu spüren, ob ein Dirigent das Stück kennt, ob er etwas zu sagen hat und ob er gemeinsam mit dem Orchester arbeiten will und kann. Ich habe in den frühen Jahren meiner Karriere bei mehreren Orchestern erlebt, wie Musiker mich auch auf unkultivierte und unfeine Art getestet haben. So versuchten manche mich mit provozierenden Sprüchen oder auch durch permanentes Anstarren aus der Fassung zu bringen. Das war noch zu einer Zeit, in der manche Orchester dachten, ein junger Dirigent müsse zuerst einmal durch das Feuer von persönlichen Angriffen geschickt werden. Diese Zeiten sind glücklicherweise vorbei.

Gemeinsam Kunst zu machen ist eine zutiefst emotionale Angelegenheit. Und Spannungen sind – früher oder später – vorprogrammiert. Kein Dirigent bleibt davon verschont. Mein Credo ist es, in der Zusammenarbeit Offenheit zu wahren. Und ich glaube, es ist wichtig, Probleme anzusprechen, bevor sie unaufhaltsam wachsen. Es gibt immer Dinge, die nicht passieren sollten, die im Eifer des Gefechtes aber nun einmal passieren. Manchmal kommt es einfach zu Missverständnissen, die sich schnell zu unüberbrückbaren Fronten aufbauen. Besonders dort, wo gegen die grundsätzlichen Formen des Miteinanders verstoßen wird. Physisches wie psychisches Unrechtsverhalten – in welcher Form auch immer – ist inakzeptabel.

Mir sei an dieser Stelle ein kurzer Exkurs zum Thema Frauen im Orchesterbetrieb erlaubt. Vor einigen Jahrzehnten waren Frauen im Orchester noch nicht gerne gesehen. Das hat sich zum Guten verändert. Es ist eine wie in so vielen Bereichen unserer Gesellschaft überfällige Entwicklung, dass auch immer mehr Frauen renommierte Orchester leiten. Es ist schlichtweg diskriminierend, wenn Dirigentinnen immer noch als Ausnahme am Dirigentenpult gesehen und ihre Leistungen mit anderen Kriterien als die ihrer männlichen Kollegen beurteilt werden. Vorurteile und Zuschreibungen sind immer diskriminierend. Dennoch muss leider gesagt werden, dass die Debatte um die Chancengleichheit von Mann und Frau im künstlerischen Bereich da und dort noch immer aufflammt und mit fadenscheinigen Argumenten, die eine Geschlechterdifferenz betonen, geführt wird. Erst wenn diese Debatte zu Ende ist, können wir sichergehen, dass Dirigentinnen und Dirigenten ausschließlich nach künstlerischen Kriterien beurteilt werden und sich das Thema von selbst erledigt.

Aus meiner Werkstatt I: Beethovens Neunte

Die Arbeit des Dirigenten ist eine einsame. Im Folgenden möchte ich Einblicke in meine Dirigentenwerkstatt geben. Bevor das Werk zur Aufführung gelangt, gibt es eine lange Vorlaufphase, eine intensive Zeit der Vorbereitung und eine vertiefende Auseinandersetzung mit der Partitur und dem kulturellen Umfeld des Werkes.

Ich habe die 9. *Symphonie* von Beethoven exemplarisch für dieses Buch ausgewählt, weil sie für mich ein Schlüsselwerk der Musikgeschichte ist. Beethoven war der erste, der in seiner Musik den Anspruch an den Zuhörer gestellt hat, nicht zu unterhalten, sondern ihn in seinem Innersten aufzurütteln, emotional zu beteiligen und herauszufordern. Diese Symphonie stellt in dieser Hinsicht einen Höhepunkt dar – eine Komposition mit erhebendem philosophisch-musikalischem Geist.

Einem kulturellen Giganten wie der 9. *Symphonie* muss man sich als Interpret von vielen Seiten annähern. Viele Bücher sind über dieses Monument der abendländischen Kultur geschrieben worden. Ein kleiner Einblick mag die überwältigende Größe dieses Werkes erahnen lassen.

Das Erarbeiten einer Interpretation kann man mit dem Zusammensetzen eines Puzzles vergleichen: Ein Stein mit Information wird zum anderen gesetzt, um am Ende ein möglichst komplettes Bild zu erhalten. Diese Symphonie als Höhepunkt der Klassik zu feiern, würde viel zu kurz greifen. Sie ist eine musikalisch-philosophische Aussage, die, aus dem Geist der Klassik geformt, sich bereits in die Romantik bewegt, in die Vergangenheit blickt und in die Zukunft weist. Zeitübergreifend und zeitlos.

Jeder kennt die berühmte Melodie „Freude, schöner Götterfunken, Tochter aus Elysium", die auch der Europahymne zugrunde liegt. Bevor diese Melodie mit allen Mitwirkenden im vierten Satz der *Neunten* erklingt, führt uns Beethoven auf eine ausgedehnte musikalische und emotionale Reise. Wie sieht diese Reise aus? Ein Brief des Komponisten aus dem Jahre 1812 an seine Freundin in Hamburg dient uns hier als Wegweiser: „Fahre fort, übe nicht allein die Kunst, sondern dringe auch in ihr Inneres; sie verdient es, denn nur die Kunst und die Wissenschaft erhöhen den Menschen bis zur Gottheit."

So setzt sich Beethoven in diesem Werk mit dem Tod, der Hoffnung und dem Sieg des menschlichen Geistes über alle Schwierigkeiten des Lebens auseinander. Im ersten Satz der *Neunten* beginnt er mit einer toten Leere, musikalisch dargestellt durch die tonale Unbestimmtheit einer Quinte, die rhythmisch, harmonisch und motivisch zusehends aufgeladen wird und sich bis zum gewaltigen ersten Thema aufbäumt. Dies erinnert mich an den Beginn der *6. Hymne an die Nacht* von Novalis, überschrieben *Sehnsucht nach dem Tode*, in der es heißt:

Hinunter in der Erde Schoß,
Weg aus des Lichtes Reichen,
Der Schmerzen Wut und wilder Stoß
Ist froher Abfahrt Zeichen.

Novalis, der Ur-Romantiker, war bereits 23 Jahre tot, als die *Neunte* im Jahre 1824 uraufgeführt wurde. Ein zentrales Motiv der Romantik ist die Sehnsucht. Im Anschluss an das erste Thema im ersten Satz lässt uns Beethoven diese Sehnsucht klanglich erfahrbar machen. Zuerst mit einer kleinen Überleitung, in der eine Melodie ertönt, die das Verlangen nach Brüderlichkeit ausdrückt; gefolgt vom zweiten Thema, das beginnend mit einem musikalischen Seufzer- und Christus-Symbol uns erahnen lässt, was Beethoven zum Ausdruck bringen möchte. Lassen wir ihn dazu wieder selbst zu Wort kommen. Aus seinem Brief an die *Unsterbliche Geliebte* von 1812: „… und wenn ich mich im Zusammenhang des Universums betrachte, was bin ich und was ist der – den man den Größten nennt – und doch – ist wieder hierin das Göttliche des Menschen." Unter dem Eindruck der Philosophie des deutschen Idealismus rückt Beethoven den Menschen zunehmend in die Nähe des Göttlichen.

Den ersten großen Abschnitt des ersten Satzes beschließt Beethoven mit einer musikalischen Aussage, die an den Kampf der Aufklärung für Freiheit, Gleichheit, Brüderlichkeit denken lässt. Kurz vor Schluss dieses Satzes, der die Frage nach dem Tod und dessen Überwindung zum Thema hat, gibt uns der Komponist einen kurzen Ausblick auf eine bessere Welt. Plötzlich und vollkommen unerwartet ertönt im Horn ein kleines Fragment des ersten Themas, jedoch in schönes, warmes und angenehmes Licht getaucht. Als ob er uns bei dieser Wanderung für einen kurzen Moment nach dem dramatischen Anfangsteil und der kämpferischen Auseinandersetzung mit all den Beschwerlichkeiten des Lebens – den Tod vor Augen – das Ziel unseres Daseins zeigen wollte.

Der zweite Satz ist mit Scherzo überschrieben. Diese Bezeichnung steht meistens für ein scherzhaft-fröhliches Musikstück und charakterisiert einen schnellen Tanzsatz. Doch von Scherz ist hier nichts zu spüren. Ebenso wie der erste Satz steht auch dieser in der Todes-Tonart d-Moll. Beethoven breitet einen grimmigen Totentanz vor uns aus, der mich an manche Gemälde von Egon Schiele denken lässt. Dynamische, wilde Extreme bestimmen das Geschehen. Der Mittelteil, das Trio stellt einen großen atmosphärischen Gegensatz zum Scherzo dar, wie er in der Musikgeschichte kaum stärker vorkommt. Das Trio lässt klanglich eine ländliche Idylle entstehen, die von Beethovens *Pastorale* inspiriert ist. Es ist im gleichen tonalen Sonnenlicht gehalten wie der kurze Ausblick auf das angestrebte Ziel des Menschen, der durch das Ertönen des Horns am Ende des ersten Satzes versinnbildlicht wird. Anschließend an diese Idylle stürzt uns Beethoven mit der Wiederholung des Totentanzes wieder in den Kampf ums Überleben.

Ich kann nur spekulieren, warum er von der Reihung der Sätze der klassischen Symphonie abweicht und das Scherzo an die zweite Stelle in der Abfolge der vier Sätze stellt. So war es bei Haydn, Mozart und auch in den vorangehenden acht Symphonien von Beethoven üblich, den langsamen Satz auf den ersten folgen zu lassen und den Tanzsatz des Scherzos beziehungsweise des Menuetts an die dritte Stelle der Reihung zu setzen. Ich glaube, dass Beethoven die emotionale Fallhöhe so hoch wie möglich ansetzen wollte. Nach dem Drama des ersten Satzes werden die Emotionen im Totentanz des zweiten weiter aufgepeitscht. Dass Entspannung und Besinnung erst im dritten Satz folgen, ist dramaturgisch genial. Dadurch wird der Tiefgang des langsamen Satzes in seiner intendierten Wirkung besonders gesteigert.

Der dritte Satz beginnt mit musikalischen Seufzern, um die erste groß ausschwingende Melodie vorzubereiten. Der Anfang

Im *Prometheus Project* verknüpften Franz Welser-Möst und das Cleveland Orchestra 2017 die Musik Beethovens mit einem Bildungsprojekt für Jugendliche

der Melodie lässt wieder das musikalische Christus-Symbol hörbar werden, anders als im ersten Satz ist die Melodie nicht auf-, sondern absteigend. Christus, der zu uns herabsteigt und uns Hoffnung vermittelt. Dafür steht auch die Tonart B-Dur, in der dieser Satz komponiert ist. Beethoven nimmt uns auf eine Reise mit, die sich wie eine Art Meditation anfühlt. Jeden musikalischen Gedanken des ersten Themas lässt er mit einer angehängten Floskel nachklingen, als ob er einem wunderschönen Bild in seiner Fantasie nachhängen würde. Das zweite Thema setzt er in die sonnige Tonart D-Dur, die auch den kleinen Ausblick am Ende des ersten Satzes und im Trio des zweiten bestimmt.

Diese Tonart steht als Ziel und als Symbol für den Sieg des menschlichen Geistes, wie er erst am Schluss der Symphonie seine Erfüllung findet. Dass es sich hier noch um ein vorläufiges Sehnen des Menschen handelt, zeigt eine Melodie, die keinen Anfang und kein Ende zu haben scheint. Beethoven hält die Melodie an und schmückt das erste Thema durch Variation aus und vertieft es. Danach erklingt ein zweites Thema. Er rückt dieses in ein zartes Licht, als ob er damit ausdrücken wollte, dass die Sehnsucht nach dem genannten Ziel ein kindlicher Gedanke wäre. Anschließend wird in einer noch ausgeschmückteren Variante das erste musikalische Thema vertieft. Beethoven lässt es unvermittelt in ein lautstark mit Trompeten und Pauken vorgebrachtes Motiv münden, das aus dem Initiationsritual der Freimaurer herrührt. Die Botschaft? Der menschliche Geist ist frei und unabhängig!

Mich erinnert diese Stelle an den letzten Absatz der Hymne *Prometheus* von Johann Wolfgang von Goethe:

> Hier sitz' ich, forme Menschen
> Nach meinem Bilde
> Ein Geschlecht, das mir gleich sei,
> Zu leiden, weinen,
> Genießen und zu freuen sich,
> Und dein nicht zu achten,
> Wie ich.

Meiner Ansicht nach wollte Beethoven hier Christus mit der Figur des Prometheus gleichsetzen. Die Figur des Prometheus steht in der Zeit der Aufklärung symbolhaft für all das, was der Mensch vermag. Wie aus vorhin zitiertem Brief und auch aus anderen Schriften und Anmerkungen Beethovens erkennbar, nimmt der Gedanke vom Göttlichen im Menschen in seinem künstlerischen Vermächtnis eine zentrale Rolle ein. Ihm entspringt Beethovens Wille zur Veränderung der Welt, zur moralischen Läuterung des Individuums, zur absoluten Forderung der Freiheit und zur Gemeinschaft mit allen Menschen. Wie die Philosophie zielt Beethovens Musik auf das Allgemeine, auf die großen Themen Politik, Natur, Religion, Tod und Leben. In Blick auf eine mögliche, ideale Welt kann der Mensch ein tiefes Verständnis von Freude und Freiheit gewinnen.

Der langsame dritte Satz endet mit den Seufzermotiven des Beginns und ganz am Schluss mit einem Lebewohl-Motiv, als müsse er sich von all den Gedanken über das Menschsein und der Kontemplation verabschieden.

Aber es wäre nicht der Titan Beethoven, wenn er sich damit begnügen würde.

Am Beginn des vierten Satzes fährt er uns mit einem Aufschrei ins Gesicht: Chaos, Dissonanz, Verzweiflung! Darauf bezieht sich auch E. T. A. Hoffmann in seiner Kritik dieser Symphonie: „Beethovens Musik bewegt die Hebel des Schauers, der Furcht, des Entsetzens und erweckt jene unendliche Sehnsucht, die das Wesen der Romantik ist."

Auf diesen grellen Aufschrei folgt eine Passage, die in Art eines Rezitativs den tiefen Streichinstrumenten anvertraut ist. Sie erzählen uns, was später die menschliche Gesangsstimme als Text vorbringen wird: „O Freunde, nicht diese Töne! Sondern lasst uns angenehmere anstimmen, und freudenvollere." Anlässlich der Uraufführung merkte Beethoven dazu an, dass das Rezitativ „schön" gespielt werden solle. Dies lässt darauf schließen, dass Schönheit ein für ihn wichtiger und in der damaligen Zeit viel diskutierter Kunstbegriff war, was bei diesem Revolutionär der klassischen Musik vielleicht verwundern mag. Wir wissen dies auch aus Äußerungen und Eintragungen in seinem Konversationsheft, das er aufgrund seiner fortschreitenden Taubheit führen musste, um sich mit seinen Mitmenschen verständigen zu können.

Im Anschluss an das Rezitativ lässt Beethoven die tiefen Streicher nun zum ersten Mal die berühmte Melodie „Freude, schöner Götterfunken" anstimmen. Man hört diese Stelle in manchen Interpretationen in einem fast unhörbaren pianissimo, das dramaturgisch nicht gerechtfertigt ist. Beethovens Intentionen werden in einer späteren Anmerkung des Komponisten deutlich. Wenn der Basssolist mit den berühmten Schiller'schen Worten über die Freude einsetzt, so soll er dies mit „angenehmem" Ausdruck tun. Nach der großen Steigerung, bei der immer mehr Instrumente in den Jubelgesang einstimmen, bricht Beethoven nochmals die Entwicklung ab. Er führt uns in das lärmende Chaos des Anfangs zurück, um angesichts des drohenden Dunkels die mahnende Stimme des Basssolisten erheben zu lassen: „O Freunde, nicht diese Töne, sondern lasst uns angenehmere und freudenvollere anstimmen!" Der dramatische Stimmungswechsel gelingt. Er, die anderen drei Solisten und der Chor besingen nun die Freuden über den menschlichen Wert der Zusammengehörigkeit und der Freundschaft. Bei dem Satz „Wollust ward dem Wurm gegeben und der Cherub steht vor Gott" hält die Musik mit Wucht auf dem Wort „Gott" an.

Es folgt ein Geschwindmarsch, der die „Sonnen fliegen" lässt, wie es im Text heißt. Beethoven schreibt in einem Brief 1814 an Graf Franz Brunsvik: „... was mich angeht, ja du lieber Himmel, wie der Wind oft, so wirbeln die Töne, so oft wirbelts auch in der Seele." In diesem Sinne kann die Passage der Ode, die in den Satz mündet „freudig, wie ein Held zum Siegen", als Bekenntnis des Komponisten zu seinem Künstlertum verstanden werden.

Beethoven bringt mich aber auch immer wieder zum Staunen ob seiner Kunst, Musik über Musik zu schreiben. Vor allem in seiner späteren Schaffensphase stellt er Bezüge zur Vergangenheit sowie Querverbindungen zu seinen früheren Werken her und weist dennoch wie kein anderer seiner Zeit in die Zukunft. Anschließend an den Geschwindmarsch lässt er die Musik ohne menschliche Stimmen auf uns los, eine Stelle, die eine Parallele in der geistlichen Schwester der *Neunten*, in seiner *Missa solemnis* hat. Dort wird der

Schrecken des Krieges musikalisch dargestellt. Hier in der *Neunten* malt Beethoven musikalisch das Dunkel, um nach dem erschöpften Zusammenbruch den überbordenden Jubel des Chores und des Orchesters in voller Lautstärke „Freude, schöner Götterfunken" noch gewaltiger wirken zu lassen.

Im nächsten Abschnitt des Finalsatzes, der einer groß angelegten Kantate gleicht, greift Beethoven weit in die Vergangenheit zurück: in die Renaissance, eine Zeit, in der die griechische Antike wiederentdeckt und auch zur geistigen Grundlage der Aufklärung und Klassik wurde. Beethoven hat sich mit der Musik der Meister der Renaissance beschäftigt, und so verbindet er den Text „Seid umschlungen, Millionen" mit dem musikalischen Stil dieser Zeit. Wir haben es hier mit einem grandiosen zeitübergreifenden Konzept zu tun, das die Werte der Aufklärung in einen großen historischen Zusammenhang stellt und ihre universelle Gültigkeit bekräftigt.

Eine Anmerkung zu der Passage, die kurz darauf folgt. Nach „Brüder, überm Sternenzelt muss ein lieber Vater wohnen" erklingen orgelhaft anmutende Takte, die er mit der Tempobezeichnung *adagio, ma non troppo ma divoto* überschreibt. Hier lässt sich erneut eine Parallele zur *Missa solemnis* herstellen. An der Stelle, an der in der katholischen Liturgie Brot und Wein in Leib und Blut Christi verwandelt werden, erklingt Musik, die der der *Neunten* ähnlich ist. Durch den Gedanken des göttlichen Vaters weitet sich der Text ins Religiöse.

Der nächste Abschnitt führt in höchster kompositorischer Kunstfertigkeit die Themen der Freude und des Erahnens eines Vaters „überm Sternenzelt" aus. Er erinnert an Engel aus der Barockzeit, die eine große Lobpreisung anstimmen. Obwohl die Symphonie kein sogenanntes sakrales Werk ist, ist ihr eine große Spiritualität immanent, was an solchen Stellen erfahrbar wird.

Der letzte große Teil der Symphonie ist als ein Freudentaumel inszeniert: Der Zauber der Freude lässt alle Menschen Brüder werden! In strahlendem D-Dur: Die geistige Sonne der Aufklärung hat über alle Dunkelheit der Menschheit und die materielle Welt gesiegt.

Beethoven, der Belesene und Gebildete, kannte sicherlich den Satz aus der *Kritik der praktischen Vernunft* von Immanuel Kant: „Zwei Dinge erfüllen das Gemüt mit immer neuer und zunehmender Bewunderung und Ehrfurcht, je öfter und anhaltender sich das Nachdenken damit beschäftigt: der bestirnte Himmel über mir und das moralische Gesetz in mir." Ich glaube, mit diesem Zitat kommt man dem Kern der *9. Symphonie* sehr nahe: dem Spannungsfeld von „bestirntem Himmel" und dem von Menschen definierten moralischen Gesetz. In diesem Sinne dachte wohl auch Friedrich Schiller bei seiner *Ode an die Freude* und dem darin enthaltenen Vers „Über Sternen muß er wohnen". Er unterschied zwischen dem „Kunstschönen" und dem „Naturschönen" – und gab Ersterem die größere Bedeutung. Das Kunstschöne, also die von Menschen in Kunst geschaffene Schönheit, war für ihn Beweis des sich selbst verwirklichenden Menschen.

Der Philosoph Johann Gottlieb Fichte, der schon lange vor der Uraufführung der *Neunten* gestorben war, hätte eine musikalische Welt, in der alle Menschen Brüder werden, vielleicht als Fest des „Ich" im Zeichen der Weltintelligenz gedeutet. Für Fichte (und ich glaube auch für Beethoven) stellt das „Ich" die wahre vereinende Größe aller Menschen dar. Das „Ich" ist für ihn die Weiterführung dessen, was Heraklit und Platon „Logos" oder „Vernunft" nannten. Das „Ich" ist größer als der einzelne Mensch, es ist Ausdruck des absoluten Seins. Es steht für den Menschen, der seine menschlichen Möglichkeiten kennt und bereit ist, sie zu nutzen.

All diese philosophischen Grundgedanken sind für mich die Basis, auf der ich den passenden Ton für eine Interpretation der *9. Symphonie* Beethovens suche. Für mich ist sie in Töne gegossene Philosophie. Überzeugender, überwältigender und umfassender ist die idealistische Idee von Humanismus musikalisch nie gefeiert worden.

Beethovens *Neunte* hat bis heute einen starken Symbolcharakter. Das Werk eignet sich bestens dafür, gesellschaftliche Theorien und Haltungen zu bestätigen, die den Menschen in seinem Verhältnis zur Welt und zum Universum in den Mittelpunkt rücken und ihn zum verantwortlichen Handeln bewegen wollen. Schillers Text spricht vom Menschsein in seiner idealen Bestimmung, vom Gedanken der Brüderlichkeit und vom Bewusstsein, dass über allem ein höheres Sein waltet. Zahllose Beispiele zeigen, dass diese Gedanken sehr oft missbraucht wurden und politische Unrechtssysteme die Brüderlichkeit im Sinne nationalistischer Eigeninteressen verstehen. So hat etwa Hitler das Werk durch Wilhelm Furtwängler zu seinem Geburtstag aufführen lassen. Als positives Gegenbeispiel seien jene Bestrebungen genannt, die die Symphonie oder Teile daraus als identitätsstiftendes Symbol des europäischen Gedankens und seiner Friedensidee betonen. An die Stelle egoistischer Enge tritt die Weite menschlichen Denkens und Handelns im Sinne weltumspannender Humanität.

Es sind diese Gedanken, die mit denen des Werkes korrespondieren. Das romantische, über uns alle hinausweisende „Ich", das Fichte beschrieben hat, ist kein kleingeistiges Ego, kein ausgrenzendes, sondern ein verbindendes Element. Mit seiner *9. Symphonie* ist Beethoven ein Werk gelungen, das für mich eine der größten Huldigungen des Humanismus darstellt. Ich halte es mit Richard Wagner, der diese Symphonie als ideales Kunstwerk ansah, dem die „Erlösung der Musik aus ihrem eigensten Elemente heraus zur allgemeinen Kunst" gelungen sei: „Sie ist das menschliche Evangelium der Kunst der Zukunft."

Aus meiner Werkstatt II: Der Rosenkavalier

Für den Bereich Oper habe ich aus meiner Werkstatt den *Rosenkavalier* ausgewählt. *Der Rosenkavalier* ist eine vielschichtige Opera buffa, für die Richard Strauss intensiv mit seinem Librettisten Hugo von Hofmannsthal zusammengearbeitet hat. Ich verbinde viele persönliche Erlebnisse mit diesem Stück. Ich denke an die Aufführung bei den Salzburger Festspielen 2014 in der Regie von Harry Kupfer, aber am prägendsten war eine Vorstellung, die ich als junger Dirigent erlebt habe. Die wunderbare slowakische Sopranistin Lucia Popp sprang in der Rolle der Marschallin 1992 in einer Aufführungsserie an einem der Abende in Zürich ein. Als ich sie vor der Aufführung in der Garderobe besuchte, um zu fragen, ob sie Passagen noch durchsprechen wollte, antwortete sie: „Junger Mann, ich schaue auf Sie, und Sie hören auf mich."

Tatsächlich habe ich ihr an diesem Abend mit jedem Takt mit wachsender Bewunderung zugehört. Den berühmten „Zeitmonolog" der alternden Marschallin hat sie zu einem Moment verwandelt, in dem die Uhren tatsächlich stillstanden – eine Frau, die ihre Würde zurückgewinnt. Und dann war da die große Abschiedsszene. Lucia Popp sang diese mit größter Schlichtheit, so wie ich sie früher als große Mozart-Sängerin erlebt hatte, unter anderem beim ersten Konzert, das ich nach meinem Unfall wieder besuchen konnte. Damals hatte sie mit der ihr eigenen Innigkeit die Motette *Exsultate, jubilate KV 165* mit den Wiener Philharmonikern unter Claudio Abbado gesungen. Ich hatte sie später in meiner Studienzeit in München noch in der Rolle der jungen Sophie gehört. Nun spielte sie selbst die Marschallin. Und ihre Stimme war von der gleichen Reinheit und Klarheit wie früher.

Es kommt nicht oft vor, dass man als Dirigent eine derartige Offenbarung auf offener Bühne erfährt, wie es an diesem Abend geschehen ist. Ich bin sicher, dass jeder im Saal zu Tränen gerührt war: das Publikum, die Musiker und ich natürlich auch. Der Grund: Die Popp verzichtete auf jegliche Form von Pathos.

Inszenierung des *Rosenkavalier* bei den Salzburger Festspielen 2014 unter der Regie von Harry Kupfer und dirigiert von Franz Welser-Möst

Niemand ahnte damals, dass bei Lucia Popp bereits ein unheilbarer Gehirntumor diagnostiziert worden war. Sie wusste, dass dieser ihr letzter Auftritt als Marschallin war. Für mich persönlich war diese Aufführung im Nachhinein der heimliche Abtritt einer Sängerin von der großen Opernbühne. Wenn es um die Existenz eines Menschen geht, wenn er wirklich Abschied nimmt angesichts einer unabwendbaren Wahrheit, tut er das niemals mit aufgesetzter Schauspielerei, sondern stets mit ungekünstelter Innerlichkeit. Es ist diese stille Innerlichkeit der Lucia Popp, die ich in der Musik seither immer wieder suche.

Die Marschallin im *Rosenkavalier* ist eine Frau, die durch die diversen Affären ihres Mannes vieles ertragen muss und um ihre

Würde als Mensch kämpft. Nun unterhält sie selbst eine Liebschaft mit dem jungen Octavian. Der wiederum verliebt sich im zweiten Akt der Oper in Sophie, als er ihr eine silberne Rose zur bevorstehenden Hochzeit in Vertretung seines Vetters, des weitaus älteren Baron Ochs auf Lerchenau, überbringt – so wie es die Tradition vorsieht.

Im Finale der Oper geht es für mich um nicht weniger als um den Abschied an sich, und nicht nur um das Loslassen der Marschallin von ihrem jungen Liebhaber. Ich bin überzeugt davon, dass auch Richard Strauss hier seinen ganz persönlichen Abschied von der Welt des von ihm so verehrten und geliebten, vielleicht auch idealisierten Abendlandes vertont hat. Schon die letzten Worte der Marschallin, das vermeintlich zufällig dahingeseufzte „Ja, ja", das sich in der Dissonanz einer großen Septime ausdrückt, ist weit mehr als die Feststellung, Octavian, den jungen Geliebten, für die jüngere Sophie gehen lassen zu müssen – es ist der Abschied von der Welt. Bei den Salzburger Festspielen war es mir, dem Regisseur Harry Kupfer und der Sängerin Krassimira Stoyanova wichtig, genau das zu verdeutlichen. Ebenso wie unsere Überzeugung, dass das Abschluss-Terzett des *Rosenkavalier* vor allen Dingen ein berührender Weg aus der Stille wiederum in die Stille ist: das Verstummen des „Ich weiß auch nix, gar nix", die Stille vor dem Dominant-Sept-Akkord, dann das Trompetensolo, das die Einsamkeit der Marschallin beschreibt. Ihre anschließenden Worte „Hab' mir's gelobt, ihn lieb zu haben in der richtigen Weis'", die Strauss in die Tonart Des-Dur setzt, malen den Abschied vom Leben. Strauss stellt durch dieses Des-Dur die Verbindung zum großen Weltenabschied am Ende von Richard Wagners *Götterdämmerung* her, dem Prototyp des in Musik gesetzten Weltuntergangs.

Das wirklich Moderne aber ist, dass Strauss diesem gigantischen Abschied in Des-Dur ein fast verhuschtes Ende in der Tonart G-Dur folgen lässt, das man durch den großen Tritonus Des-G, dem althergebrachten „diabolus in musica", nur als Dissonanz im groß gedachten Bogen empfinden kann. Das Ende beschreibt Hugo von Hofmannsthal im Libretto so: „Herein kommt der kleine Neger, mit einer Kerze in der Hand, sucht das Taschentuch, findet es, hebt es auf, trippelt hinaus." Dass Strauss und Hofmannsthal dem großen Abschiedsterzett ein so leichtes und verspieltes Ende folgen lassen, macht den Abschiedsschmerz nur umso größer.

Strauss hatte sich mit seinen Opern *Salome* und *Elektra* bereits am Rand der Tonalität bewegt. Die Frage, warum er danach ausgerechnet eine Oper wie den *Rosenkavalier* schrieb, halte ich für nicht angebracht. Für mich ist der *Rosenkavalier* trotz (oder gerade wegen) seiner harmonischen Rückbesinnung ein durchaus logischer nächster Schritt. Der Zuckerguss, der dieser Oper viel zu schnell zugeschrieben wird, ist nur eine ganz dünne Oberfläche.

Das wird an Figuren wie dem Baron Ochs auf Lerchenau deutlich. Oft wird er als bäuerlich-ungehobelter Klotz in Szene gesetzt. Aber es wäre falsch, ihn lediglich zu einem derben Wiener Fiakerfahrer und zur ältlichen Witzfigur zu degradieren. Ochs ist – liest man das Libretto genau – ein Hofkämmerer, und das war eine herausragende Stellung am Hof, die nur sieben Adeligen vorbehalten war. Er weiß also, wie man sich benehmen sollte. Dass er es nicht tut, macht die Sache nur unangenehmer und unterstreicht die Doppelbödigkeit seines Charakters. Er ist rüpelhaft, kann aber auch elegant sein. Auf jeden Fall ist er eine vielschichtige Figur, die nicht nur laut ist. Oft widerstehen Orchester und Dirigenten nicht der Verführung, viel zu dick aufzutragen, wenn er – in Vorfreude auf ein Tête-à-Tête – singt: „Keine Nacht, mir zu lang." Strauss hat diesen Satz bewusst im Mezzoforte notiert, dazu lässt er einen wie beschwipst im Dreivierteltakt durch die Streicher torkeln.

Wer den *Rosenkavalier* für kompositorischen Kitsch hält, irrt. Doch dieses Vorurteil hält sich bereits seit der Uraufführung an der Semperoper in Dresden am 26. Januar 1911. Man kann von einer echten *Rosenkavalier*-Mode sprechen, die plötzlich in Europa ausbrach. Es gab *Rosenkavalier*-Zigaretten, es wurden

Satire-Gedichte verfasst, *Rosenkavalier*-Sonderzüge fuhren von Berlin nach Dresden, und in einem Faschingsumzug sollen sogar Rosenkavaliere zu Pferd geritten sein, denen Puppen von Richard Strauss und seinen Bühnenfiguren mit tränenden Augen folgten.

Dass diese Oper mit einer Bettszene zwischen einer reifen Dame und ihrem jungen Liebhaber beginnt, war ein erotisch aufgeladener und perfekt kalkulierter Tabubruch. Aber der *Rosenkavalier* ist tiefgründiger. Hofmannsthal und Strauss kannten die Mythen der großen Weltliteratur und selbstverständlich auch die Geschichte der Musik. Ihr *Rosenkavalier* war auch als Anknüpfung an Mozarts *Le nozze di Figaro* zu verstehen. In Rhythmus, Melos und besonders in der Harmonie, mit all den mozarthaften Farben, lässt Strauss diese Anspielung ganz deutlich werden. Aber das Traditionsbewusstsein (so wie die Rückverlegung der Handlung in das Wien der ersten Regierungsjahre von Maria Theresia) ist kein Zeichen des Stillstands. Gustav Mahler prägte das Bonmot, dass Tradition – besonders in Wien – Schlamperei sei. In Wahrheit bedeutet das lateinische Verb „tradere" Bewegung. Ein Rückblick, um voranzugehen. In diesem Sinne würde ich auch den *Rosenkavalier* als Oper mit Tradition verstehen.

Es war aufschlussreich, den Briefwechsel zwischen dem Dirigenten der Dresdner Uraufführung, Ernst von Schuch (er hatte auch *Feuersnot*, *Elektra* und *Salome* uraufgeführt), und Richard Strauss zu lesen. Schuch, der sehr eng mit Strauss zusammengearbeitet hat, erkannte sofort den Buffo-Charakter des Werkes. Er schrieb an den Komponisten: „Ich weiß, wie mir zumute geworden ist, als ich an meinem einsamen Klavier zum ersten Mal vor der Partitur des *Rosenkavalier* saß – und glaubte, in Grinzing beim Heurigen zu sein, als die ganze Wienerstadt mit ihren ewig jungen, süßen, leichtstimmigen Leben zu mir ins Haus flog!"

Aber dieses Lokalkolorit ist eben nur ein Teil der Oper. Gemeinsam mit Hofmannsthal wollte Strauss ein Werk schreiben, in dem jedes Detail zum Symbol wächst. Auch deshalb weigerte er sich, selbst kleinste Änderungen zuzulassen. Strauss tobte, als Schuch ihm eine gekürzte Fassung des *Rosenkavalier* nahelegte. Und als der Dirigent darum bat, aus Mangel an C-Klarinetten eine Stelle transponieren zu lassen, erwiderte Strauss sofort unmissverständlich: „C-Clarinetten sind unerlässlich, bitte dringend dieselben anzuschaffen. Transponieren unmöglich. Empfehle Fabrik Oehlers (Berlin)." Bereits an diesen Kleinigkeiten wie dem spezifischen Klangcharakter eines Instrumentes lässt sich erkennen, dass Richard Strauss mit kompromissloser Genauigkeit ans Werk gegangen ist.

Es mag auf den ersten Blick überraschend erscheinen, dass sich Hugo von Hofmannsthal 1912 von den Tantiemen, die er für das Libretto zu *Rosenkavalier* erhielt, das 1901 entstandene Bild *Yo Picasso* vom damals noch nicht so berühmten Pablo Picasso kaufte – und von da an zum damals einzigen österreichischen Sammler seiner Werke wurde. Gibt es da etwa Parallelen? Vielleicht war Hofmannsthal von der Maxime der kubistischen Maler fasziniert, Bildgegenstände simultan aus verschiedenen Blickwinkeln zu betrachten. Eine ähnliche Ästhetik ist etwa im *Rosenkavalier* zu erkennen, bei der wir verschiedene Szenen aus unterschiedlichen Blickwinkeln der jeweiligen Akteure betrachten und miterleben können. Picasso malte, wie er sagte, um der Malerei willen, unter Ausschluss von nicht wesentlicher Wirklichkeit. Strauss schreibt auch Musik um der Musik willen. Beide überschreiten die Grenzen nicht, zu denen sie bereits unterwegs waren: Picasso übertritt nie ganz die Schwelle zur Gegenstandslosigkeit und Strauss verlässt die Dur-Moll-Harmonik nicht, um sich wie andere durch neue Regeln zu positionieren. Picasso malt hellenistische Frauenakte, Strauss wendet sich nach dem *Rosenkavalier* auch immer wieder dem Hellenismus zu. Unter diesen Oberflächen brodeln aber auch bei beiden die Unruhen ihrer Zeit.

Am bemerkenswertesten finde ich die Beziehung zwischen Wort und Ton, die Strauss und Hugo von Hofmannsthal in dieser Oper gelungen ist. Der Dresdner Kammersänger Karl Scheidemantel schrieb über die Arbeitsweise von Schuch (der die Oper gemeinsam mit Strauss einstudierte): „Schuchs Aufmerksamkeit richtete sich auch andauernd auf die deutliche und schöne Aussprache der gesungenen Worte. Aber die ganze Bedeutung seiner musikalischen Kapazität offenbart sich erst, wenn es sich darum handelte, den rhythmischen Gehalt einer Oper herauszuarbeiten. In dieser Beziehung nahm Schuch eine Gipfelstellung unter allen Kapellmeistern ein."

In unserer Vorbereitung auf die *Rosenkavalier*-Premiere in Salzburg 2014 war ein ganz wesentlicher Teil meiner Arbeit, mit den Sängern an sprachlichen Nuancen zu feilen. Bei der Marschallin geht es um ein adelig klingendes Alt-Wienerisch, beim Baron Ochs auf Lerchenau um die sprachliche Spannbreite und um den Wechsel zwischen der Sprache bei Hof und der ländlichen Sprache. Die größte Aufgabe wartet aber auf das Intrigantenpaar Valzacchi und Annina – beide stammen sicherlich aus einem Wiener Vorort, er tritt aber als Italiener auf, und sie gibt sich in jedem Akt als eine andere Person aus. Es ist eine große Herausforderung für die Sänger, neben den stimmlichen Anforderungen auch sprachlich die Doppelbödigkeit dieses Stückes auszudrücken. Strauss notierte außerdem sehr genau in der Partitur, wo sich der Gesang stark am Fluss der Sprache orientiert.

Der Rhythmus der Sprache und der Rhythmus der Musik bedingen sich im *Rosenkavalier*. Wenn man die Texte von Hofmannsthal spricht, nähert man sich dem idealen musikalischen Tempo dieser Oper an. In diesem Fall wird man allerdings nicht die von Strauss notierten Metronomangaben einlösen können – sie sind durchwegs etwas zu schnell. Das aber lässt sich leicht erklären: Der Mensch denkt schneller als er spricht. Da Opern in der Regel im Kopf entstehen, die Dialoge also beim Komponieren gedacht werden, hat es auch bei Strauss dazu geführt, die Metronomangaben zu schnell anzulegen. Als Beweis dafür haben wir die audiovisuellen

Aufnahmen von Richard Strauss. Auch er wählte in der Praxis andere Tempi als jene, die er theoretisch notiert hatte.

An dieser Stelle eine kurze Anmerkung zum sogenannten historisch informierten Musizieren. Wenn die musikalischen Fundamentalisten der historischen Aufführungspraxis erklären, genau zu wissen, wie vor 200 oder 300 Jahren etwas geklungen hat und das unkritisch rezipiert wird, dann stellt sich mir die Frage, warum wir nicht wenigstens die historische Aufführungspraxis bei Richard Strauss pflegen. Dort müssten wir nämlich gar nicht lange spekulieren, wie der *Rosenkavalier* zu seiner Zeit geklungen haben könnte: Wir haben von Strauss persönlich dirigierte Aufnahmen zur Verfügung – in Bild und Ton – und nicht nur vom *Rosenkavalier*.

Was Wort und Klang im *Rosenkavalier* betrifft, haben Richard Strauss und Hugo von Hofmannsthal die Nachahmung des Klangs in diesem Meisterwerk auf die Spitze getrieben. Während Richard Strauss den Theatertext von Oscar Wilde für seine *Salome* noch fast wörtlich übernommen hatte, ist es für mich unvorstellbar, einen Text wie Hugo von Hofmannsthals *Rosenkavalier* auf einer Sprechtheaterbühne aufzuführen. Erst die Musik sorgt für den authentischen Charakter der Worte, und die sind meist doppelbödig – aus der Musik heraus gedacht – notiert. Auch deshalb sollte man ein *Rosenkavalier*-Dirigat (trotz aller orchestralen Verlockungen) niemals von der symphonischen Seite aus denken, sondern stets von der Bedeutung des permanenten Parlando, das hier stattfindet.

„Ich schaue auf Sie, und Sie hören auf mich" – das waren die Worte von Lucia Popp vor unserem Zürcher *Rosenkavalier*. Tatsächlich fordern gerade Opern von Richard Strauss eine enge Einheit zwischen Orchester und Stimme. Als ich gemeinsam mit Asmik Grigorian die *Salome* der Salzburger Festspiele 2018 geprobt habe, in der sie über Nacht zum Star avancierte, hatten wir die unglaublich große Bühne der Felsenreitschule zwischen uns. Nach einem fantastischen Probenprozess, in dem wir über 17 Monate immer wieder an ihrer Rolle gearbeitet hatten, drehte sich jetzt alles darum, dass wir einander spürten, dass wir in einem stillen Dialog miteinander standen, auch, wenn wir uns nicht immer sehen konnten – es ging um die Einheit von Stimme und Orchester. Denn sie ist wohl der wichtigste Schlüssel, gerade für die Opern von Richard Strauss. Sie sind für mich jedes Mal ein neues Abenteuer, ein hochmoderner Tanz am Rande ganz unterschiedlicher menschlicher Abgründe und ein gekonntes Spiel mit dem Lärm und dem Wissen um die Stille als größte Form der Schönheit.

Den eigenen Weg gehen

Die Geschichte der musikalischen Interpretation ist immer auch ein Spiegel der jeweiligen Gegenwart. Wie in anderen Bereichen lässt sich in der Musik oft eine Bewegung und ihre Gegenbewegung erkennen, die Ablösung der einen Ästhetik durch ihr Gegenteil. Nach den auf Hochglanz polierten Klassik-Interpretationen der Wirtschaftswunderzeit begann in den 1960er-Jahren eine neue Ideologisierung der Musik. Auch hier kann man wieder ein Dirigentenpaar ausfindig machen, das auf ganz unterschiedliche Art für diese Bewegung stand. Ich denke an den französischen Avantgarde-Komponisten und Dirigenten Pierre Boulez, der unter anderem das IRCAM, das Forschungsinstitut für Akustik und Musik, in Paris gegründet hat, und an den österreichischen Cellisten, Musikwissenschaftler, Dirigenten und Gründer des auf Alte Musik spezialisierten Ensembles Concentus Musicus, Nikolaus Harnoncourt. Er wohnte in meiner Nähe am Attersee, was uns Gelegenheit zum Kennenlernen gab und doch nur zu einem seltenen Austausch führte – bis heute ist sein jüngster Sohn ein enger Freund.

Egal, ob Boulez mit der IRCAM oder Harnoncourt mit dem Concentus Musicus, beide Dirigenten haben radikal mit der Interpretationsweise ihrer Vorgänger gebrochen. Bei Boulez ist das vielleicht am eindrücklichsten in seiner Lesart von Richard Wagners *Parsifal* zu sehen, den er für die Bayreuther Festspiele bewusst schnell dirigierte. Boulez wollte, wie er sagte, jedes Pathos und alles Göttliche eliminieren. Nikolaus Harnoncourt spielte 17 Jahre lang als Cellist bei den Wiener Symphonikern, Herbert von Karajan hatte ihn als damaliger Chefdirigent engagiert. Harnoncourt rebellierte und kündigte angeblich aufgrund einer Mozart-Interpretation von Karl Böhm. Schließlich entwickelte er eine vollkommen revolutionäre Definition des Dirigierens. Dafür fand Harnoncourt zunächst experimentelle Nischen, unter anderem bei Radio Bremen, wo er an seiner Art der „Klangrede" arbeiten konnte. Er spezialisierte sich zunächst auf alte Instrumente und Alte Musik und wurde zum Pionier der sogenannten historischen Aufführungspraxis und zum Vorreiter des musikwissenschaftlich operierenden Dirigenten.

Beiden Dirigenten, Pierre Boulez und Nikolaus Harnoncourt, war gemeinsam, dass ihr Kampf gegen die Konventionen mit revolutionärer Radikalität einherging. Andere Zugänge zur Musik, die nicht ihrem Ideal entsprachen, brandmarkten beide als falsch. Viele der selbsternannten Jünger erhoben ihre Arbeitsweisen schnell zum Dogma.

Noch viel radikaler war eine derartige Entwicklung bei den Treffen für Neue Musik in Darmstadt oder Donaueschingen. Hier traten Komponisten zunächst mit dem hehren Ziel an, dass Musik nie wieder emotional benutzt werden dürfe wie in Zeiten des Nationalsozialismus. Aber diese grunddemokratische Idee entwickelte sich schnell zu einem System aus dogmatischen Regeln, das am Ende selbst einen Ausgrenzungsmechanismus entwickelt hat, den Komponisten wie Hans Werner Henze unbarmherzig zu spüren bekamen, weil diese das Melos und die Harmonie nicht vollkommen aufgeben wollten.

Bei Nikolaus Harnoncourt hat trotz einer gewissen Altersmilde seine Obsession des Forschens und seine Lust am Diskurs nie nachgelassen. Er war nicht nur ein Lehrender und „Überzeugungstäter" mit den berühmten Orchestern in Wien, Berlin und Amsterdam, sondern er nahm auch vieles von diesen traditionsreichen

Klangkörpern an. Sein Verständnis vom Musizieren wurde im weiteren Wissen immer freier. Heute kann man sagen, dass viele seiner Arbeitsweisen sich als Selbstverständlichkeiten in der alltäglichen Orchesterarbeit durchgesetzt haben. Und auch Pierre Boulez, der einst alle Opernhäuser in die Luft sprengen wollte, hat sich später mit Freude, Wissen und Hingabe in diesen betätigt.

Aber es ist wichtig, dieses Kapitel der Ideologisierung der Musik einer näheren Betrachtung zu unterziehen. Denn daraus hat sich (ebenfalls als Gegenbewegung) jene Vielfalt entwickelt, der wir heute gegenüberstehen. Für manche ist der Rhythmus zur neuen Gottheit geworden, andere entdecken das Melos als Rauschzustand, einige verstehen selbst Opern von Mozart nur noch als Steinbruch, aus dem sie sich nach Lust und Laune bedienen, und wieder andere versuchen, das Dogma alter Ideale hochzuhalten. Inzwischen ist so ziemlich jede Herangehensweise an die Musik vertreten. Mir kommt es zuweilen so vor, als sei die Buntheit der Möglichkeiten in Wahrheit nur eine raffinierte Form der Uniformität. Das Andersseinwollen, nein, das AndersseinMÜSSEN als kollektiver Anspruch und als modernes Glaubensbekenntnis.

In dieser Situation der Beliebigkeit fällt es vielen immer schwerer, die Genialität von der Unwissenheit zu unterscheiden, den Scharlatan vom ernsthaften Könner. Und damit wären wir dann wieder beim Thema der hohlen Effekthascherei angekommen, beim Spektakel und der Geste, hinter der sich nichts als Leere verbirgt. Alle wollen das Produkt Musik und bekommen am Ende lediglich die Verpackung. In diesem Zustand tritt die Unwissenheit immer ungenierter ins Rampenlicht.

Dass uns zunehmend das Wissen abhandenkommt, um das Unseriöse vom Seriösen zu trennen, lässt sich an so manchen Klavierabteilungen der Musikhochschulen ablesen, in denen die Klavierliteratur oft erst bei Franz Liszt beginnt. Darüber hinaus gibt es Trends wie das „postdramatische Theater", das schon auf den Schauspielbühnen viele Fragen offenließ, das in der Oper

Die Arbeit eines Dirigenten, davon ist Franz Welser-Möst
überzeugt, taugt langfristig nicht zur Selbstdarstellung

aber vollkommen unmöglich ist: denn das Drama, das Vertrauen
auf den Text (auf das Libretto ebenso wie auf den Notentext) ist
unabdingbar. Die schnelle Assoziation und der große Effekt
dürfen nicht darüber hinwegtäuschen, dass es in Wahrheit um viel
Disziplin auf dem Weg zur Interpretation geht: das ewige Befragen
von Rhythmus, Melos, Harmonie und Wort und der andauernde
Versuch, diese Kategorien in Einklang zu bringen. Die Arbeit eines
Dirigenten taugt langfristig nicht zur Selbstverwirklichung und
Selbstdarstellung. Der große Regisseur Fritz Kortner hat einmal

zu einem seiner Schauspieler gesagt: „Du musst nicht weinen, das Publikum muss weinen." Und Richard Strauss schreibt in seinen „Zehn goldenen Regeln" für Dirigenten, dass sie die Musik und nicht das Publikum dirigieren sollten. Beide haben recht: Der Beruf des reproduzierenden Künstlers bedingt die Demut und nicht das Zurschaustellen der eigenen Gefühle. Vielmehr geht es um das Hörbarmachen der komplexen Gefühlswelten, die wir in den Partituren und Texten vorfinden.

Unsere Gegenwart ist nicht nur das Zeitalter der Vielfalt und der Verschiedenheit, es ist auch die Epoche der hohen technischen Qualität. „Eigentlich ist es schade", hat neulich ein Musiker in Cleveland gesagt, „dass inzwischen jedes Orchester den *Sacre* mehr oder weniger problemlos spielen kann." Strawinskys *Le Sacre du Printemps*, dessen Uraufführung in Paris – wie schon erwähnt – zu einem der größten Skandale in der Aufführungsgeschichte wurde, gehört zum Standardrepertoire der modernen Klassik. Dieses Stück zu zähmen, ist schon lange keine Herausforderung mehr. Umso wichtiger ist es zu begreifen, dass der heutige Skandal vielleicht darin liegen könnte, dass eine vermeintlich bekannte Schubert-Symphonie nicht durchdrungen wird und ihre unfassbaren Seelenabgründe nicht hörbar gemacht werden. Denn an ihrem Grund, da bin ich sicher, finden wir Erschreckendes, aber auch Versöhnliches über das Menschsein.

Vielleicht befinden wir uns gerade in einem erneuten Umbruch. Denn hinter uns liegt nicht nur die Zeit der Dogmatiker, sondern auch die Zeit der Spezialisten. Die Themenfelder, mit denen sich ein Dirigent beschäftigt hat, sind in den letzten Jahren immer enger geworden: Wir haben Wagner- oder Romantik-Spezialisten, sogenannte Mozart-Experten oder Barock-Fachleute. Ich glaube, dass es an der Zeit ist, Musik endlich wieder ganzheitlich zu begreifen. Wir haben von den Spezialisten sehr viel gelernt, aber nun wäre es klug, das Panoptikum wieder zu öffnen, die Erkenntnisgewinne einzuordnen und über die Tellerränder hinauszudenken. Die

Musikgeschichte hat schließlich auch keine Grenzen: Es hilft eben, die *Zauberflöte* zu kennen, um *Fidelio* zu verstehen – mit dem man wiederum Wagner näherkommt, ohne den Gustav Mahler nicht vorstellbar wäre. Und es gibt keinen Komponisten, der nicht auf Johann Sebastian Bach zurückschauen würde. Die Musikgeschichte in hermetische Häppchen zu unterteilen, die nicht miteinander in Verbindung stehen, wäre fatal und ein vollkommenes Missverständnis der Musikgeschichte als Kontinuum. Darüber hinaus kann man auch von Neuerem über Älteres lernen, bei Anton Webern über Haydn, bei Strawinsky über Bach, bei Strauss über Mozart – Musikgeschichte besteht aus so unendlich vielen zeitübergreifenden Brücken.

Das Ideal, das ich suche, bedeutet auch, der Musik Zeit zu geben. Mir ist es wichtig, lange gemeinsame Wege mit einem Orchester zu gehen. Weiter als jedes Mal nur bis zum nächsten Konzert. Mein Vertrag in Cleveland wurde bis 2027 verlängert, dann werde ich 25 Jahre lang in dieser Stadt, die mir so ans Herz gewachsen ist, gearbeitet haben. Und ich bin sicher, dass es auch in dieser Zeit noch so viele Details geben wird, die wir täglich gemeinsam neu entdecken werden – Details, die man auf kürzeren Distanzen gar nicht erkennt.

Inzwischen ist die Mehrzahl der Musiker des Cleveland Orchestra unter meiner Leitung eingestellt worden, und ich bin immer wieder begeistert über den Dialog zwischen älteren und jüngeren Mitgliedern, deren Spiellust uns alle ansteckt. Es muss einem Dirigenten immer klar sein, dass seine eigene Position vergänglich ist. Aber es ist durchaus schön zu wissen, dass in Cleveland allein durch Konstanz und Zeit ein Orchester gewachsen ist, dessen Klang wir auf einem gemeinsamen Weg geformt haben. Ganz abgesehen von all jenen Wegen, die wir auf dem Pfad unserer gesellschaftlichen Mission noch gehen wollen.

Der Dirigent Bruno Walter sagte in seinem New Yorker Exil zu einem anderen Exilanten aus Wien, dem Theaterregisseur Ernst

Lothar, nach einer Theateraufführung, die in deutscher Sprache stattgefunden hatte: „Musik ist eine Weltsprache. Deutsch leider nicht!" Die Pflege dieser Weltsprache wird immer mehr zu einer Herausforderung, auch in Europa, woher die klassische Musik ursprünglich stammt. Alle Musikinstitutionen werden ihre Strukturen und internen Abläufe verändern müssen, um sicherzugehen, dass junge Menschen auch mit dieser Kunst in Berührung kommen. Die öffentliche Hand hat sich davon weitgehend zurückgezogen, deshalb müssen wir diese Investition in die zukünftigen Generationen übernehmen.

Das Ideal ist für mich der lange Atem, der Abschied von der Hektik des Effekts, die Hinwendung zu dem, was heute so selten geworden ist, zum langfristigen Denken. Denn die kleinen Fragen, die sich tagtäglich stellen, sind der kleingepflasterte Weg zum großen Ganzen.

Vierte Wanderung

Ewigkeit der Stille

Die Stille ist ein sonderbar Ding. Weil sie vollkommen unterschiedliche Gesichter hat. Sie kann uns gleichsam beruhigen und unruhig werden lassen. Zu viel Stille führt zu sensorischer Deprivation, zu Halluzinationen oder Denkstörungen. Manchmal wird sie bewusst zur Folter eingesetzt. Aber es gibt auch Stille, die unsere Konzentration nachweislich fördert, und jene, die uns besänftigt und in Sicherheit wiegt. Es ist jene Stille, von der die intimste Handlung zwischen Mutter und Kind ihren Namen herleitet – das „Stillen". Stille kann strafend wirken und Macht verkörpern, etwa wenn das Gegenüber eine Antwort verwehrt. Aber sie kann auch Mitgefühl ausdrücken, etwa beim stillen Abschied. Oder sie signalisiert Machtlosigkeit in Form von Sprachlosigkeit.

Kein Wunder, dass die Stille in all ihren Formen seit jeher ein wesentliches Leitmotiv der Kunst ist: von den niederländischen Ölgemälden, den sogenannten Stillleben, bis zu jenen Wipfeln, über die Johann Wolfgang von Goethe in des *Wandrers Nachtlied* die „Ruh" gelegt hat. Stille bestimmt auch John Cages Komposition 4'33": Der Pianist öffnet den Klavierdeckel (und übrigens auch alle Fenster) und spielt drei Sätze lang: nichts! Die Wirkung ist Ausdruck der Dialektik der Stille. Wir beginnen erst neu zu hören, wenn wir das, was wir erwarten, nicht zu hören bekommen. Wenn das Klavier schweigt, nehmen wir dafür die Autos auf der Straße oder den Atem unseres Sitznachbarn wahr, jene Geräusche, die unsere Stille tagtäglich füllen. Denn – so sehen es einige Philosophen – am Ende ist Stille nichts als ein Grundzustand, gleich einer weißen Leinwand, die darauf wartet, beschrieben zu werden.

Für mich als Musiker ist es faszinierend, dass die Stille sowohl im Buddhismus eine wesentliche Rolle spielt, etwa in der Kontemplation, aber auch bei anderen Religionen, etwa in Form von Schweigegelübden. Das Zweite Vatikanische Konzil hat die Stille sogar als festen Bestandteil innerhalb der katholischen Gottesdienste definiert. Vor dem Schuldbekenntnis, nach den Lesungen oder der Predigt und nach einer Kommunion soll Stille herrschen. Sie sorgt für eine Pause im ritualisierten Ablauf, und damit für eine intensive dramaturgische Spannung. Das genau ist auch eine wesentliche Rolle der Stille in der Musik.

Musiker wissen, dass jeder Klang aus der Stille kommt und in der Stille mündet – dass ein Ton, ja, dass die Musik nichts anderes ist als jene Zeit, mit der die Stille unterbrochen wird. Im Idealfall denken wir genau darüber nach, wie wir diese Unterbrechung der Stille gestalten. Man könnte all das mit dem Leben an sich vergleichen: So wie der Klang kommen auch wir Menschen aus dem Nichts und werden zu Nichts – am Anfang und am Ende steht die Stille.

Ähnlich sagt es auch Hamlet, nachdem er im letzten Akt des Dramas beim Fechten von seinem alten Freund Laertes mit einem vergifteten Degen niedergestochen wird und den finalsten Satz Shakespeares spricht: „Der Rest ist Schweigen.“

Auch die Stille ist eine Erfahrung an der Grenze von Sein und Nicht-Sein. Die Stille, von der ich schreibe, markiert jenen Sekunden-Zeitraum, in dem nicht klar war, ob mein Leben nun zu Ende oder weitergehen würde – und unter welchen Bedingungen. In der Sekunde, bevor unser Auto sich überschlug, erlebte ich die Stille als eine Art „Nicht-Zeit“. Als übergroßen Zustand, den ich – das ist eine meiner größten Triebfedern – seither in der Musik suche. Hier habe ich ihn in sehr ähnlicher Form auch schon oft gefunden. Es funktioniert weder in der Musik noch in einer anderen Kunst, den Tod zu simulieren. Die Kunst kann, ebenso wie die Natur, lediglich unseren Gefühlszustand im Angesicht des Metaphysischen hörbar machen: etwa das Ausheben der Zeit oder das Gefühl von

Schwerelosigkeit. Wir entdecken, dass Stille ein Raum ist, dem wir vertrauen können, in dem Tiefe und Erfüllung möglich werden, an dem die Unaufgeregtheit wahre Schönheit ist. Denn auch das gehört zur Vielseitigkeit des Zustandes der Stille: Das eigentliche Laute ist in Wahrheit das Leise. Oder wie Friedrich Nietzsche es in seinem Buch *Also sprach Zarathustra* schrieb: „Die größten Ereignisse – das sind nicht unsere lautesten, sondern unsere stillen Stunden."

Diese Stunden gerinnen bisweilen zu Augenblicken, in denen wir zumindest erahnen, was Ziel und Ende bedeuten könnten. Loslassen. Diese kostbaren Augenblicke der Stille sind es, in denen in mir ein tiefes Gefühl von Geborgenheit erwächst.

∞

Nachwort

von Axel Brüggemann

Lange kannte ich Franz Welser-Möst nur aus der Ferne. Er war Musikdirektor in Zürich, als ich – noch Student in Freiburg – die ersten Kritiken verfasste: unter anderem für die *Basler Zeitung*, *Die Frankfurter Rundschau* und *Die Welt*. Als ich später in Wien landete, war er hier Musikdirektor der Oper. Ich wurde damals von einer Zeitung gebeten, ein Porträt über ihn zu schreiben, und bat um ein Gespräch. Die erste Frage in unserer ersten persönlichen Begegnung war, wenn ich mich recht erinnere: „Warum sind Sie so langweilig, Herr Welser-Möst?"

Franz Welser-Möst musste schmunzeln und dann entspann sich eines der interessantesten Gespräche, die ich als Journalist geführt habe: es ging um die Größe der kleinen Geste, um die Bedeutung des Minimalen für die Architektur des Ganzen und um die Frage nach der Tiefe der intensiven Beschäftigung. Und irgendwann ging es um alles: um die Relevanz von Orchestern, um den Dialog von Künstlern und Publikum, um die Frage, warum wir Opern, Symphonien, ja Musik überhaupt brauchen – und darum, wie Wahrhaftigkeit im Musikbetrieb herzustellen ist.

Nach unserem Gespräch haben Franz Welser-Möst und ich uns – wie es so oft in unserer Branche passiert – wieder aus den Augen verloren. Als wir uns das nächste Mal trafen, standen wir gemeinsam auf der Bühne: Er dirigierte die Staatskapelle Dresden bei einem Open-Air-Konzert vor 10.000 Zuschauern am Elbufer, und ich führte als Moderator durch das Programm mit der *7. Symphonie* von Dmitri Schostakowitsch. Bevor die Symphonie begann, habe ich mich mit Franz Welser-Möst über die Musik, ihre Motive und Bedeutung unterhalten, das Orchester hat einzelne Stellen angespielt und Franz Welser-Möst hat sie erklärt. Da lernte ich den

Musikvermittler kennen, der einem großen Publikum, das eigentlich zu einem Open-Air-Event gekommen war, klar machte, wie besonders jeder einzelne Ton sein würde, den das Orchester gleich anstimmen würde. Franz Welser-Möst bewegte ein Publikum (das zum großen Teil zum ersten Mal in einem Konzert saß) zu intensivem und gebanntem Zuhören – und das bei einer langen und komplexen Musik.

Später habe ich Franz Welser-Möst noch einmal für meinen Podcast *Brüggemanns Begegnungen* in seinem Haus am Attersee besucht. Und wieder lernte ich eine andere Seite kennen. In seiner Bibliothek plauderten wir über das Gugelhupf-Rezept seiner Vorfahren, über die Aufregung bei Neujahrskonzerten und natürlich über das Engagement von Franz Welser-Möst in Cleveland und über seine Visionen der Education-Arbeit.

Als er mich wenig später fragte, ob wir nicht in mehreren Gesprächen die Themen für dieses Buch finden wollten, war ich natürlich neugierig, denn ich hatte das Gefühl, Franz Welser-Möst noch immer nicht zu kennen, diesen Musiker, dessen professionelles Bild keinen Blick auf sein privates Ich zuzulassen schien.

Also haben wir begonnen, uns regelmäßig treffen – zunächst bei mir zu Hause, zu ausgedehnten Arbeitsfrühstücken, die meist bis weit in die Mittagszeit dauerten. Ich organisierte Semmeln, Marmelade, Honig, machte mir ein, zwei oder drei Cappuccino – aber Franz Welser-Möst trank, wenn überhaupt, in all der Zeit nur zwei Tassen Tee. Wir sortierten die Themen und die Welt der Musik, aber auch seine Biografie und beschlossen schließlich, uns am Autobiografischen zu orientieren. Später dehnten wir unsere Gespräche aus, trafen uns während seiner F.-X.-Mayr-Kur in Innsbruck, gingen im Schnee spazieren, durch die Natur und ließen die Gedanken rund um das Leben, den Markt und die Musik kreisen.

Heute würde mir eine Frage zu Franz Welser-Möst sicherlich nicht mehr einfallen, jene, warum er so langweilig sei. Ich habe unseren Begegnungen so viele neue Gedanken zu verdanken, über die Stille, das Kleine und das Leise, das auch im Journalismus oft viel zu kurz kommt. Und ich danke Franz Welser-Möst für seine Offenheit, dafür, dass wir gemeinsam seine Vergangenheit und sein Leben befragen durften – die großen Momente ebenso wie die lehrreichen Niederlagen. Und ich hoffe, dass den Lesern das Ergebnis in diesem Buch jene Vielfalt anbietet, mit der wir uns an dieses Projekt gemacht haben. Ein Buch über die Stille, ein Buch über den Klang, ein Nachhorchen des eigenen Lebens, eine Vermessung des Soundtracks unserer Zeit und Perspektiven für die Zukunft.

Liebe Leserin, lieber Leser!
bleiben wir in Verbindung! Wir freuen uns
auf Ihre Anregungen, Kritik und Wünsche.

leserbrief@brandstaetterverlag.com

Christian Brandstätter Verlag GmbH & Co KG
Wickenburggasse 26, 1080 Wien
Tel: +43 1 512154320

Viele weitere Leseinspirationen und
Geschenkideen finden Sie unter
www.brandstaetterverlag.com

Bildnachweis

akg-images / picturedesk.com: Vorsatz, Nachsatz
Benedikt Dinkhauser: 51
Gerhard Flekatsch: 99
Barbara Gindl / APA / picturedesk.com: 171
Roger Mastroianni: 32, 103, 108, 157, 163
Herbert Neubauer / APA / picturedesk.com: 131
Privatarchiv Franz Welser-Möst: 18, 23, 35, 39, 48,
70, 73, 111, 181, 188
Michael Pöhn: 93, 113
Julia Wesely: 2, 8, 59, 60, 86, 140, 145, 146, 187

7. Auflage, 2025
Alle Rechte vorbehalten
Copyright © 2020 by
Christian Brandstätter Verlag, Wien

Papier: Salzer EOS 1,5-fach
(FSC®- und PEFC-zertifiziert)
Druck: Graspo Cz, Zlín (CZ)

ISBN 978-3-7106-0454-6

Covergestaltung: Ute Schindler
Coverfoto: Gianmaria Gava
Satz: Burghard List
Lektorat: Maren Wetcke
Projektleitung Brandstätter Verlag: Judith E. Innerhofer

Wir tragen Verantwortung

Aus diesem Grund haben wir uns auf den Weg
gemacht, um unseren Einfluss auf das Klima
und auf den Planeten zu minimieren. Anstelle
von Kompensationszahlungen, und über die
üblichen Umweltlabel hinausgehend, haben
wir uns das Ziel gesteckt, den CO_2-Ausstoß auf
allen Ebenen signifikant zu verringern – entlang
der gesamten Wertschöpfungskette von der Idee
bis zum Buch in Ihren Händen.
Mehr Informationen finden Sie unter
www.brandstaetterverlag.com/nachhaltigkeit

Bei Fragen zur Sicherheit unserer Produkte
wenden Sie sich bitte an
verantwortung@brandstaetterverlag.com